L'Ile de la Réunion

Octave Homberg
Jules Duval
Edouard Hervé

L'Ile de la Réunion

Son histoire, son développement et la
question coloniale

Editions Le Mono

Collection «*Les Pages de l'Histoire* »

Connaître le passé peut servir de guide au présent et à
l'avenir.

© Editions Le Mono, 2016

ISBN : 978-2-36659-224-5
EAN : 9782366592245

Chapitre I [1]

Au point de vue historique, il est impossible de séparer la Réunion de Madagascar et l'on pourrait ajouter l'île Maurice. Autrefois, ces trois îles s'appelaient respectivement l'ile Bourbon, l'île Dauphine, l'île de France. Aux voiliers qui avaient doublé le cap de Bonne Espérance, après avoir quitté la métropole depuis des mois, elles offraient toutes trois des bases de ravitaillement. Leur nom seul était une sorte de réconfort moral : l'escale tant désirée par le marchand ou le soldat qui avait pris la route des Indes, lui apparaissait dans son attente avec l'émouvant aspect de la mère patrie.

L'île de la Réunion connut des débuts bien modestes. En 1638, un des premiers pionniers de Madagascar, Alonse Goubert, débarque du Saint-Alexis et grave sur un tronc d'arbre les armes de France. L'île est vide d'habitants et ce n'était pas avec les 97 hommes d'équipage de sa « flûte » que Goubert pouvait fonder une colonie.

Un peu plus tard, Pronis y déporte quelques rebelles de Fort Dauphin.

---

[1] Basé sur les travaux de Octave Homberg, *La France des cinq parties du monde.*

En 1662, Louis Payen, de Vitry-le-François, y aborde avec sept noirs et trois négresses venus de Madagascar (ancêtres des Noirs Marrons de la montagne). Enfin en 1671, le cavalier dont Louis XIV avait voulu faire un colonial, Jacob de la Haye, après avoir contracté les fièvres à Madagascar, vint se rétablir à la Réunion. Le 5 mai, il s'y faisait proclamer « vice-roi, amiral et lieutenant général en tous les pays des Indes ». Un panneau encore conservé à Saint-Denis perpétue le souvenir de cet événement.

De la Haye, aussi reconnaissant envers le climat qui l'avait rétabli que chargé de rancune contre la grande île où sa santé avait été mise en péril et où sa politique brutale lui avait aliéné à la fois indigènes et colons, proposa aux habitants de Fort Dauphin de les transporter à Bourbon. Ce lieu, disait-il, serait « une pépinière où les hommes se conserveraient pour de là fournir les lieux qui en auraient besoin ». On sait comment les vieux compagnons de Montdevergue repoussèrent cette proposition et comment de La Haye les abandonna pour se rendre à Bourbon. Avant de mettre la voile pour les Indes, où nous le retrouverons, il installa dans cette île le premier gouverneur que la France y ait nommé.

La Compagnie des Indes commença quelques établissements sur cette terre, mais elle préférait l'île de France (l'actuelle île Maurice) où les mouillages étaient meilleurs. Lorsqu'en juin 1735, Mahé de la Bourdonnais arriva dans le gouvernement que le Roi lui avait confié l'année précédente, il jugea sévèrement l'œuvre accomplie par ses prédécesseurs : peu ou point de travaux publics ; les ingénieurs avaient construit des maisons pour eux-mêmes, mais n'avaient élevé ni fortifications ni magasins, ni hôpitaux, n'avaient doté les points forts d'aucun outillage, ni d'aucune commodité, n'avaient tracé aucune route. Non sans résistances sournoises ou avérées, ce gouverneur, jeune, actif (à peine 36 ans à cette date), qui savait établir avec la même habileté les plans d'un navire, d'un wharf ou d'un édifice public, et en contrôler l'exécution dans les moindres détails, déclara la guerre à l'inertie et à la paresse. Il n'épargna aucun effort pour transformer les deux îles en une base de départ admirablement organisée.

La Réunion n'a plus cessé de faire partie intégrante du domaine national français. Elle a donné à la France une pléiade d'écrivains, comme Leconte de Lisle ; des savants comme le Professeur Guyon ; des artistes comme Mme Pierson, un pionnier du ciel comme Roland Garros.

Au point de vue économique, l'histoire de la Réunion se divise en trois périodes : 1) au 18è siècle, la principale production est le café ; 2) depuis 1815 jusqu'à la diffusion du sucre de betterave, à la fin du 19è siècle, le sucre de canne est la grande richesse de l'île ; 3) dans les premières années du 20è siècle et surtout depuis la guerre, les efforts des planteurs locaux pour réussir des cultures nouvelles (vanille, essences à parfums) obtiennent un brillant succès grâce au progrès de ces cultures, et à la production considérable de sucre.

Chapitre II [2]

L'île de la Réunion : ses ressources, ses progrès, et l'immigration.

Dans l'Océan-Indien, la politique coloniale de la France a subi, par les fautes de la métropole et les dures chances de la guerre, des revers qui composent une des plus tristes pages de notre histoire. De son vaste et glorieux empire de l'Inde, la France n'a conservé que cinq villes ou comptoirs, avec une banlieue de peu d'étendue, La grande île de Madagascar, dont Richelieu et Colbert voulurent faire un centre de rayonnement vers l'Afrique et l'Asie, tour à tour livrée à des compagnies oppressives, à des gouverneurs inhabiles, à des aventuriers suspects, a été abandonnée de fait, sinon de droit, à la barbarie indigène. L'île Maurice, célèbre pendant un siècle sous le doux nom d'Ile-de-France, raconte plus clairement encore les désastres de la patrie. Notre pavillon a cessé d'y flotter, ainsi que sur les Seychelles, qui avaient connu des âges de bonheur sous l'autorité française. Une seule possession nous est restée, Bourbon, dont un caprice politique a changé le nom, que deux

---

[2] Par Jules Duval, dans *Politique coloniale de la France.*

11

cents ans avaient consacré, en celui de *Réunion*, réminiscence révolutionnaire qui n'a aucun sens.

Quoique restreinte à ces humbles limites, l'influence française n'est pourtant pas tout à fait annulée sur ce théâtre de son ancienne gloire. Ainsi la population de l'île Bourbon a profité de la paix pour agrandir ses cultures, pénétrer dans les solitudes de l'intérieur, améliorer son système de ponts et chaussées, attaquer, sinon dompter la mer qui l'assiège. Aux entrepôts et aux marchés de la métropole le commerce local a fourni d'abondantes cargaisons, tout en offrant un important débouché à ses produits manufacturés. Autant que le permet le pacte colonial, des rapports d'affaires ont été noués avec Maurice, l'Inde, l'Afrique. En vain l'émancipation des esclaves a surpris le pays dans cette œuvre de restauration, la vivace énergie de la colonie a bientôt dépassé le niveau des meilleures années d'autrefois : aujourd'hui La Réunion marche en avant de toutes ses rivales. Avec un port que la nature lui a refusé et que l'art n'a pu encore lui donner, avec plus de liberté dans les règlements économiques et administratifs, elle atteindrait vite la prospérité de Maurice, sa voisine et sa sœur, comme ces îles se plaisent encore à s'appeler en souvenir d'une commune origine : spectacle plein d'attraits et d'enseignements que ce tableau d'une population de quelques milliers d'âmes jetée sur un îlot de quelques milliers d'hectares, à quatre mille lieues de la métropole, luttant avec une héroïque persévérance contre de terribles ouragans, contre l'isolement, contre l'indifférence de l'esprit public, contre des restrictions légales ! Une telle lutte révèle toute la puissance de l'homme et doit confirmer par un nouvel exemple l'aptitude du génie français à la colonisation.

I.

La terre — La mer — La population blanche, colorée, noire — Les immigrants asiatiques et africains

À La Réunion, le trait saillant de la condition faite à l'homme par la nature est le contraste des éléments : le sol le plus généreux y est entouré de la mer la plus dangereuse, deux caractères principaux et bien tranchés. Située sous le tropique du Capricorne, entre Maurice, éloigné de trente-cinq lieues, et Madagascar, distant de cent quarante, l'île est formée tout entière par les laves qu'ont vomies deux volcans, l'un depuis longtemps éteint, l'autre brûlant encore. Elle est peu étendue, 232,000 hectares, à peine le tiers d'un département français, mais admirablement variée et fertile. L'ellipse qu'elle décrit offre un contour de 213 kilomètres sur une longueur de 62 kilomètres et une largeur de 44. Elle est coupée en deux, du nord-ouest au sud-est, par une chaîne de montagnes dont les deux versants rappellent, l'un l'Asie avec ses chaudes et enivrantes harmonies, l'autre l'Afrique avec sa luxuriante parure et son ciel de feu. Cette diversité d'exposition a déterminé la division administrative de l'île en deux arrondissements, l'un *du vent*, l'autre *sous-le-vent*; elle exerce une sensible influence sur les produits naturels, les cultures, la santé, les habitudes et jusque sur le caractère et les idées des habitants.

La base volcanique du sol tantôt montre à nu son noir glacis, tantôt se brise en blocs rugueux et épars, le plus souvent se recouvre d'alluvions entraînées des montagnes par les pluies et enrichies d'humus par les détritus des végétaux. Ces matières fermentent au soleil du tropique avec une prodigieuse énergie. Le territoire est baigné par une multitude de ruisseaux et de rivières qui coulent des montagnes, comme d'une vasque d'où l'eau déborde, et sont utilisés comme forces motrices et comme moyens d'irrigation. Le palmiste, le dattier, le cocotier, avec leurs troncs élevés et leurs élégants panaches, le latanier avec ses éventails rayonnants, les spirales hérissées du *vacoa* donnent au paysage un aspect oriental. Les divers centres de population, composés de maisons qui se perdent au milieu des arbres, sont distribués tout autour de l'île à peu près régulièrement, comme les anneaux d'une chaîne. Les habitations avancent vers l'intérieur à mesure que s'étendent les cultures. De la base ellipsoïde de l'île, le terrain s'élève en un amphithéâtre dont les gradins sont séparés par des coupures ; les unes forment de sauvages et abrupts escarpements, les autres s'élargissent en vallées et sont tapissées d'une riante végétation. Çà et là séparée de la mer par les savanes sèches et des sables, la zone inférieure, royaume de la canne à sucre, se déploie sur une largeur d'environ 6 kilomètres : ceinture verdoyante qui entoure la colonie entière, et recèle dans ses plis d'incalculables trésors. Au-dessus d'elle, la zone moyenne se pare de ces bouquets d'arbustes qui font de l'île, vue en pleine mer, une corbeille de fleurs et de fruits aux pénétrants arômes. Là sont bâties de charmantes retraites où mènent d'étroits et secrets sentiers, bordés de haies de jamrose, au sein d'une fraîche atmosphère, tandis que les sucreries de la zone inférieure sont livrées aux noirs tourbillons de fumée et à la fièvre industrielle. Plus haut enfin, un entablement de plateaux aux croupes ondulées sépare les versants de l'est et de l'ouest et les groupes montagneux du nord et du sud, à 12 et 1,500 mètres d'élévation au-dessus du niveau de la mer, dans un climat favorable à tous les produits de l'Europe et aux dons de la nature tropicale. Çà et là, de ces plateaux se détachent, à plus de 3,000 mètres d'altitude, des mornes crevassés et des pitons aigus, dont la cime est couverte de neige, et qui rendent de précieux services à l'agriculture par les intarissables réservoirs de leurs sources. Dans la région septentrionale, entre les principaux groupes se déploient trois vastes cirques formés dans l'âge moderne par l'affaissement des assises inférieures du sol qu'avaient rongées les feux souterrains. Dans quelques parties de l'île, comme à Orère, l'homme a créé de ravissantes oasis de verdure ; ailleurs, comme à Salasie et à Cilaos, jaillissent des eaux thermales douées de propriétés analogues à celles de Vichy, et où les malades accourent, même de Maurice : la beauté du pays, la douceur d'une température de dix degrés inférieure à celle de Saint-Denis y ont fixé une population sédentaire qui a reçu de l'état des parcelles de terrain. C'est à Salasie que le gouvernement de juillet songea un instant, en 1837, à transporter certains condamnés politiques. On n'eut point assez de cris alors : combien Cayenne et Noukahiva ont dû faire regretter Bourbon ! Au sud de l'île, les sommets alpestres sont dominés par le *Piton de Fournaise*, cratère du volcan qui de nos jours encore, à des intervalles fréquents, allume ses incendies sur l'horizon. N'étant jamais accompagnées de tremblements de terre, ce qui est un signé de dégagement facile du gaz et de déclin peut-être dans le foyer de combustion, les éruptions du volcan ont tout l'attrait d'une illumination grandiose : les flammes qui embrasent le ciel, la coulée rouge des laves sur le *Grand-Brûlé*, le bouillonnement de la mer au contact du torrent de feu qui se noie dans ses flots, sont des spectacles pleins de charme, sans péril pour l'île qui en est le théâtre, et des phares pour les navigateurs qui sillonnent la mer des Indes.

Par un concours de bienfaits rare dans les contrées chaudes, ce pays, si fertile et si pittoresque, est en même temps un des plus salubres du globe. Les premiers explorateurs qu'y porta le courant des aventures au XVIe siècle fuient émerveillés d'y trouver réunis sous un ciel tropical un air pur et balsamique, une chaleur modérée, des pluies rafraîchissantes, une agréable alternance de brises de terre et de mer. En observant que les plaies s'y guérissaient promptement, que les fièvres et les maladies endémiques y étaient inconnues, non moins que les serpents, les reptiles venimeux et les bêtes féroces, l'essaim de Français envoyés de Madagascar en découverte célébra comme un Éden l'île Mascarenas, ainsi nommée du navigateur portugais qui le premier l'avait signalée. La compagnie de Madagascar en fit son hôpital ; les navigateurs de toute nation y déposèrent leurs malades ; une population humaine s'y établit dans les conditions les plus douces d'existence, même pour la race blanche. Autour de ces nouveaux hôtes se multiplièrent par leurs soins ou d'elles-mêmes les plantes utiles, et les animaux domestiques pullulèrent avec une merveilleuse fécondité.

Voilà la terre, — un trésor pour la richesse, un paradis pour le charme. Quel contraste avec l'Océan, qui étreint de ses lames furieuses la base de l'île ! Point de ports ni de baies ; pour tout mouillage, des rades foraines toujours fatiguées par une mer houleuse dont la violence implacable lance sur le rivage des bancs de sable et de galets qui s'entrechoquent avec fracas. Pendant tout l'hivernage, c'est-à-dire, en langage africain, au temps des grandes chaleurs et des pluies, de novembre à avril, l'agitation tempétueuse des vagues sème de dangers les abords de l'île : souvent des raz de marée, soulevant la masse liquide jusqu'en ses abîmes, la roulent et la déroulent en nappes immenses qui se brisent contre la plage. Parfois des ouragans, qu'à raison de leur mouvement circulaire la science appelle des cyclones, brisent et engloutissent les navires, et, enveloppant la terre dans leurs fureurs, renversent les maisons, dévastent les cultures, déracinent les arbres, dispersent le sol lui-même à tous les vents.

Pendant six mois de l'année, sur les rades, l'inquiétude règne à bord de tous les navires : chaque capitaine étudie le vent, l'œil tour à tour fixé sur le baromètre et sur le ciel, l'oreille attentive au canon d'alarme de la sentinelle qui à terre veille aussi sur le temps. Au premier signal, tout navire prend le large pour échapper au naufrage ou au boulet qui le forcerait de fuir, s'il voulait jouer dans un défi imprudent la vie de l'équipage et la marchandise des armateurs.

Heureusement pour l'humanité, c'est là sa gloire, aucun péril et aucune peur ne la détournèrent jamais de ses voies. L'homme prend racine sur toute terre, même la plus ingrate, et il n'est pas de lieu si désolé qui ne retienne par des attaches mystérieuses quelques familles à ses flancs. À plus forte raison l'homme accourt-il prendre possession de toute contrée qui promet à ses peines une juste récompense, et à ses loisirs quelque agrément : double attrait qui poussa vers Bourbon, à travers la mer inclémente, les enfants de la France. Par eux-mêmes d'abord, bientôt avec le concours de la race noire, ils y ont inauguré l'agriculture, l'industrie, le commerce ; ils ont travaillé, prospéré, joui. Leur société en grandissant s'est consolidée ; en poursuivant sa propre fortune, elle a aidé à celle de la France. C'est ce mouvement de progrès dont il faut indiquer les causes, retracer les diverses phases, sans nous arrêter plus longtemps aux aspects physiques de la contrée, qui ont été décrits ici même avec plus de détails sous l'impression de souvenirs personnels.

Bourbon est du petit nombre des lieux pour lesquels on peut citer la date d'installation et le nom même des premiers habitants ; c'est dire combien l'origine de la population est moderne, quoique l'île appartienne à l'ancien monde par sa situation géographique. C'est au milieu du XVIIe siècle, il y a deux cents ans à peine, que le drapeau français y fut planté sur un territoire qui, de ce souvenir, a conservé le nom de *la Possession*, entre Saint-Denis et Saint-Paul, les deux principales villes. Sous sa protection abordèrent d'année en année des éléments fort divers : matelots et soldats venus de Madagascar en punition ou en convalescence, flibustiers voulant mettre leurs prises en sûreté. Le premier noyau de colonisation sérieuse fut un groupe d'une vingtaine d'ouvriers envoyés en 1665 par la compagnie des Indes à l'instigation de Colbert, et que suivit bientôt après un convoi de jeunes orphelines. Par leur mariage se formèrent les premières familles, dont le nom s'est conservé dans les archives du pays et la mémoire des habitants ; la plupart survivent encore avec honneur dans la société créole. Un peu plus tard, l'île reçut d'autres Français échappés au massacre de Fort-Dauphin à

Madagascar. Il paraît que la révocation de l'édit de Nantes y conduisit aussi quelques protestants, d'abord réfugiés en Hollande, et qui apportèrent là, comme ont fait en toute colonie les proscrits pour cause de religion, une activité à la fois industrieuse et morale. En ajoutant les agents des compagnies de Madagascar et des Indes qui se succédèrent dans la possession de l'île Bourbon, et quelques officiers de terre ou de mer qui s'y fixèrent après y avoir servi, on aura les divers éléments de la population primitive, dont l'établissement fut favorisé en 1688 par de vastes concessions de terres. Cette population, quoique de race blanche et vivant sous la zone torride, s'acclimata parfaitement grâce à une température qui oscille de 12 à 28° centigrades ; sa vitalité féconde est attestée par le nombre des blancs créoles issus en deux siècles des pères de la colonie ; on l'estime à vingt-cinq ou trente mille individus.

La pureté du sang européen ayant été altérée de bonne heure par des alliances avec les femmes malgaches que l'amour et la violence emmenèrent à Bourbon, il en fût résulté une scission, si, par un accord tacite, on n'avait renoncé de bonne heure à tenir compte de ces mélanges : la liberté, plutôt que la nuance de la peau, fut le signe auquel se reconnurent les maîtres, et cette règle conduisit à qualifier de noirs des esclaves à peu près blancs qui partageaient le sort de la population noire, en même temps que le nom de petits créoles ou petits blancs fut donné à une classe dont l'origine libre constitue la seule fortune et la principale distinction. Ce sont les descendants de quelques colons et d'anciens affranchis qu'un goût de solitude et d'indépendance sauvage conduisit dans les *hauts* de l'île les plus escarpés, dans les *îlettes* les plus inconnues. Vivant, isolés et insouciants, d'un peu de jardinage et de pêche, écartés de la grande culture par leur pauvreté, de la petite par leur fierté, orgueilleusement drapés dans leurs haillons, n'étant plus soutenus par la société, dont l'exemple est une force, ils répugnent moins à demander des secours que du travail. Quelquefois seulement, au moment de la récolte, les petits blancs sortent de leurs retraites et offrent leurs bras contre salaire pendant quelques jours, mais seulement pour la coupe des cannes, jamais pour l'usine, ce qui, à leurs yeux, les assimilerait aux anciens esclaves et aux engagés actuels. Braves au demeurant, pleins d'honneur, spirituels avec une nuance de gaieté bouffonne, toujours patriotes et empressés au service du milicien, beaux hommes dans certains quartiers, grands paroles prétentions, petits par la fortune, ils marquent, mieux que les vrais mulâtres, la transition entre blancs et noirs ; leur rêve, leur ambition, c'est une descente à Madagascar, où ils tenteraient volontiers de reconquérir dans les aventures un rang qui les mît au niveau des purs créoles. Peut-être, avec quelques avances d'argent gratuites ou à des taux modérés, trouveraient-ils bien plus près, dans la petite culture, la destinée qu'ils rêvent au loin !

À Bourbon, pas plus qu'ailleurs, le système colonial ne visa, suivant les beaux exemples de l'antiquité grecque, à former, dans des conditions normales, une jeune société qui se développerait homogène, lentement, mais sûrement, par la force même de la nature ou par de nouvelles alluvions d'émigrants européens. Impatientes de bénéfices, ne se mettant en souci que de satisfaire aux demandes commerciales de la métropole, les compagnies précipitèrent le peuplement et la mise en valeur du sol en introduisant à Bourbon, au moyen de la traite, les bras vigoureux et dociles des races inférieures ou déchues : mélange funeste qui pèsera sur tout l'avenir, et qui ne pouvait invoquer, en ces lieux, l'excuse d'un climat incompatible avec le travail des blancs. Les compagnies recrutèrent des esclaves dans tous les pays accessibles, à Madagascar, à la côte d'Afrique, en Arabie, dans l'Inde, dans l'archipel malais. Au commencement du XIXe siècle, le nombre de ces derniers dépassait quatre fois celui des maîtres (64,000 contre 16,000 en 1801). La facilité de l'existence se conciliant avec la sociabilité familière des peuples de souche française, le commandement des maîtres fut plutôt paternel que tyrannique malgré quelques tristes exceptions. La variété même des types et des origines parmi les esclaves, en neutralisant les ferments d'irritation, maintint une sécurité favorable à l'expansion sympathique des caractères. Les récits des premiers temps de la colonisation rappellent trait pour trait les pages d'Hésiode et d'Ovide sur l'âge d'or, comme si toute société nouvelle devait recommencer par une enfance naïve l'histoire de l'humanité. Maisons ouvertes à tout venant, portes sans serrures ni clés, échanges de repas champêtres, mariages d'amour, fêtes cordiales, trocs en nature, on retrouve à cette première époque tout le roman des idylles. À la longue, il se dégagea peu à peu de cette égalité fraternelle une aristocratie locale par l'arrivée de quelques familles nobles et le facile anoblissement des bourgeois ; néanmoins l'inégalité des rangs, des fortunes et de l'éducation ne rompit pas l'harmonie des rapports, chacun ayant accepté sans murmure son rang, même le petit créole, l'homme de couleur et l'esclave. La bienveillance des mœurs tempéra les rigueurs du sort. Sous ces heureux auspices se forma le caractère propre des habitants de l'île Bourbon : vive et gracieuse imagination, cordialité affectueuse et généreuse, insouciance quelque peu légère et prodigue inclinant à l'indolence, amour des plaisirs et du luxe poussé jusqu'au faste ; en somme, génie un peu païen, ionique pour mieux préciser, se berçant volontiers aux doux balancements d'une nature enchanteresse. Des lèvres créoles s'exhale d'instinct la poésie, tantôt voluptueuse et tendre, tantôt solennelle et contemplative : fidèle symbole de la nature tropicale, si variée dans ses aspects et toujours élégante. À cette physionomie générale doivent s'ajouter néanmoins des traits plus vigoureux : une aptitude spéciale pour les affaires quand la passion ou la nécessité vient l'aiguillonner, une capacité administrative qui a mis en relief plusieurs illustrations, même féminines ; un enthousiasme spontané pour toute grandeur et toute beauté, surtout le patriotisme national. L'éloignement a plutôt fortifié qu'affaibli le dévouement à la France, qu'ont entretenu de fréquentes guerres avec l'Angleterre, qui, déjà maîtresse des îles et des continents les plus proches, Maurice, le Cap, Natal, l'Inde, l'Australie, est soupçonnée de convoiter Madagascar. Loin de pencher vers l'Angleterre à la vue de Maurice, plus avancé pourtant en prospérité matérielle, Bourbon entretient plutôt à Maurice même les souvenirs et les regrets de la patrie. Comme les palmiers de son île, sous la distinction délicate de ses formes, le créole de Bourbon contient beaucoup de force. Il s'incline sous le vent et, se redresse intact ; l'ouragan seul peut le déraciner.

L'émancipation des esclaves, qui aurait pu être un de ces ouragans, fut à peine un coup de vent qui fit fléchir sans la rompre la fortune de la colonie. Là, il est vrai, la crise trouva les esprits mieux préparés qu'ailleurs. Dès 1834, l'assemblée coloniale adressait au gouvernement métropolitain un projet d'ordonnance contenant certaines concessions en faveur des esclaves, en même temps que l'élite des habitants s'engageait, par une décision expresse, à sacrifier les préjugés et les antipathies contre les hommes de couleur à l'intérêt général. La magistrature et le clergé favorisaient aussi l'émancipation, bien qu'avec certaines nuances dans les sentiments et dans les procédés. C'est ainsi que La Réunion (car tel est depuis lors le nom de la colonie) passa de l'esclavage à la liberté, sans le moindre trouble. Il n'y eut pas même à regretter une faillite. Le commissaire de la république, M. Sarda-Garriga, s'appuyant sur l'administration locale, prévint toute suspension de travail en obtenant des esclaves, qui allaient être affranchis, un engagement de deux années moyennant salaire librement débattu avec tels maîtres qu'ils voudraient : pendant ce temps, patrons et ouvriers se prépareraient à une mutuelle indépendance. Beaucoup se donnèrent, comme par un caprice enfantin, le plaisir de changer de maîtres ; mais le travail fut généralement maintenu sur les habitations malgré la désertion avouée ou clandestine d'un certain nombre de noirs impatiens de jouir de la liberté. Au bout des deux années, la plupart d'entre eux s'éloignèrent des ateliers, les uns pour se livrer aux petites industries, aux petits commerces parasites des villes, d'autres pour le plaisir d'être à leur tour propriétaires. Beaucoup s'adonnèrent à cette molle fainéantise que semble conseiller une nature prodigue de soleil, de fruits et de racines au-delà des besoins ; ils profitèrent de la tolérance indulgente et prudente des anciens maîtres pour dresser leur *ajoupa* couverte de feuilles dans quelque coin écarté de la propriété, d'où ils grappillaient dans les champs voisins, comme lorsqu'ils appartenaient à la maison, au gré de leur fantaisie vagabonde. Sur soixante mille esclaves environ affranchis en 1848, on n'estime pas à plus d'un quart ceux qui restent aujourd'hui attachés à quelque habitation. Quant à la domesticité des villes, elle recrute plus difficilement encore ses serviteurs parmi les affranchis. Le coup fut des plus sensibles pour beaucoup de maîtres qui, ne possédant pas de propriété rurale, louaient les services de leurs esclaves à des prix dépassant de beaucoup le revenu de l'indemnité, fixée à 720 francs par tête d'esclave pour La Réunion, Atteints dans leur fortune, tous ceux qui n'étaient pas engagés dans quelque spéculation productive furent ; menacés de ruine.

Pour assurer la continuation du travail, la loi a imaginé le livret, que les maîtres s'efforcent de transformer partout en un engagement d'un an. Entre ce contrat et la condition de propriétaire, de capitaliste, d'industriel établi pour son compte et disposant de moyens assurés d'existence, l'autorité n'admet pas volontiers ces positions intermédiaires si communes en Europe dans la classe ouvrière. Des règlements aussi absolus excitent l'antipathie du noir, qui s'ingénie pour y échapper. Il fuit dans la solitude, il imagine un engagement fictif avec un patron qui, à l'occasion, retrouve l'équivalent de son service. Quelquefois même, — étrange renversement des rôles, — le blanc ou plutôt l'homme de couleur qui consent à signer en faveur du noir un engagement à l'année qui n'a rien de sérieux reçoit de ce dernier le prix de sa connivence, et une somme d'argent sert à racheter l'obligation légale. Cette répugnance contre un livret, qui n'a de commun que le nom avec celui des ouvriers de France, couvre quelquefois un goût de vagabondage justement suspect ; mais souvent aussi elle découle de la susceptibilité de l'homme libre, du citoyen, comme les affranchis aiment à se qualifier, qui craint de retomber sous un joug détesté. Ce mobile n'a rien de criminel, et un peu d'indulgence pour les prétentions qu'il suscite, en laissant toute latitude pour la forme et la durée des engagements, ramènerait au travail probablement des bras que trop de sévérité en éloigne. En Europe, la liberté mutuelle suffit pour établir un courant régulier de relations, qui assure l'équilibre entre l'offre et la demande. Un peu plus lentement sans doute, il en serait de même aux colonies pour les travaux de la terre, comme il arrive déjà pour ceux de l'industrie et du commerce, où les noirs, plus libres et mieux rétribués, se portent assez volontiers, on en convient.

Suivant la coutume des aristocraties et des gouvernements, les propriétaires, à la suite de l'affranchissement, ont plus compté sur ; l'action des lois que sur les influences morales. L'amour-propre des maîtres ne descendait pas volontiers à des débats de salaire, à des ménagements de conduite envers d'anciens esclaves. Les blancs n'aiment pas à raisonner leurs prétentions avec les noirs. En 1850, leur patience était épuisée par deux années de condescendance : craignant d'ailleurs de se voir abandonnés, quoi qu'ils fissent, ils jetèrent les yeux sur l'Inde et sur l'Afrique pour y trouver des ouvriers plus maniables et plus sûrs. Dès 1851, ils laissèrent donc les affranchis se retirer des champs et des usines sans aucun effort considérable pour les retenir, et la séparation entre les deux races serait devenue à la longue de plus en plus profonde, si l'éducation publique n'eût agi dans le sens d'un rapprochement. Deux ordres religieux sont venus distribuer aux enfants de couleur l'instruction primaire. Dans ces organisations, que la rudesse extérieure entretenue par l'esclavage faisait croire réfractaires à l'enseignement, pénètrent aisément les sciences et les arts qui dérivent de la sensation : le dessin, la géométrie, la mécanique, la musique, les langues. Les écoles sont très fréquentées par les élèves, qui s'y rendent quelquefois de fort loin, et l'on a vu dans celles du soir d'anciens esclaves septuagénaires venir, avec une curiosité juvénile et une ardeur virile, s'exercer à la lecture et à l'écriture, qui devaient les rendre dignes du titre de citoyens. Le jargon nègre fait place à un français moins incorrect. Avec le niveau moral s'élève le niveau intellectuel, et l'on voit des jeunes gens de couleur entrer dans le lycée de l'université, dans le collège des jésuites. Au sortir des classes, ils trouvent aisément à se placer dans les bureaux, les magasins, dans tous les états qui demandent l'activité du corps et de l'esprit, et ils y font aux créoles une sérieuse concurrence.

Ce mouvement remarquable serait un bienfait pur de tout mélange, s'il n'enlevait à l'agriculture et aux campagnes des contingents trop nombreux de générations nouvelles, contrairement à leur propre intérêt et à celui de la colonie. Pour combattre cette tendance, des arrêtés officiels ont prescrit dans les écoles le travail manuel ; la chambre d'agriculture a voté l'apprentissage obligatoire : tentatives qui ne peuvent à leur tour être louées sans réserve, parce qu'on ne s'est pas inquiété de laisser une marge suffisante à l'instruction. La presse locale n'obéit-elle pas à quelque arrière-pensée peu libérale quand, sous prétexte de commenter les arrêtés officiels, elle reproche vivement aux frères de la doctrine chrétienne d'exciter outre mesure la pensée dans le cerveau des jeunes noirs, de leur inspirer une ambition subversive, d'en faire de dangereux et inutiles savants ? On a entendu un gouverneur, qui visitait, il y a quelques années, des écoles primaires, s'étonner de trouver les enfants noirs portant casquette, cravate et souliers, et s'en plaindre vivement comme d'une atteinte aux vieilles et respectables traditions de l'île : un tel déclassement menaçait la société dans ses bases ! Que ces bases fussent changées depuis l'émancipation, il ne s'en inquiétait pas ! Le véritable esprit de progrès sanctionne ces réformes, qu'il voudrait compléter par l'établissement d'écoles au sein même des campagnes, à portée des populations rurales, où l'enseignement se combinerait avec de petites cultures dont les maîtres eux-mêmes montreraient la théorie et la pratique dans une intelligente répartition entre les travaux de l'esprit et ceux du corps. Il est curieux de constater qu'un spécimen de cette alliance a été réalisé par une corporation de femmes et filles négresses qui ont fondé, sous la conduite d'une dame créole, un établissement dans le bassin de la Rivière des Pluies, et ont montré par leur propre exemple comment la race noire était susceptible de régénération.

Par le concours de ces heureuses influences, la famille, dont les esclaves faisaient peu de cas alors que le mariage ne leur assurait les privilèges ni de l'époux ni du père, se constitue rapidement dans la population affranchie. À la suite de la famille vient la propriété, fort petite d'abord, mesurée aux besoins et à l'ambition ; mais avec les enfants croîtront les besoins, avec l'aisance l'ambition. Le noir a travaillé pour gagner le prix de son lopin de terre, et il le paie à tout prix, quand le gouvernement ne le lui donne pas. Il travaillera pour agrandir sa cabane, où il est roi, son champ, où nul ne lui commande. Des sociétés de secours mutuels, préludes des caisses d'épargne vivement réclamées, viennent en aide à ce mouvement en inculquant des habitudes d'ordre et de prévoyance à des races que l'on en croyait incapables. De telles institutions réparent le délaissement où les maîtres, dégagés de toute charge par l'émancipation, ont laissé tomber leurs anciens serviteurs. Elles préparent, on l'espère du moins, pour un prochain avenir, dans les relations agricoles et industrielles, un rapprochement analogue à celui qui s'est fait, depuis 1848 surtout, dans les rangs élevés de la société. Si ce n'est pas encore de la fusion, c'est du moins la reconnaissance des droits de chacun aboutissant à des égards mutuels. L'égalité se constate au théâtre ; elle va même jusqu'au duel, offert et accepté de blanc à mulâtre. Le progrès est moins sensible toutefois dans les bourgs et les campagnes qu'à Saint-Denis même, centre administratif où descendent voyageurs et fonctionnaires, moins dans les quartiers *sous-le-vent* que dans ceux *du vent*, qui reçoivent plus vite, par la facilité des communications, l'influence du chef-lieu, moins encore parmi les femmes que parmi les hommes. À vrai dire même, le préjugé de la couleur persiste intact contre les femmes, et il y aurait à désespérer de le voir jamais disparaître, s'il ne s'atténuait par l'éducation. Longtemps les jeunes filles de couleur, quelles que fussent la fortune et la position de leurs pères, furent exclues des pensionnats, tandis que leurs frères étaient admis dans les lycées. Depuis quelques années, la répugnance des mères créoles a cédé à des considérations de paix publique, et l'on peut entrevoir le jour où se continueront dans là société les amitiés et les relations nouées dès l'enfance.

En vue de la désertion imminente des usines à sucre, les maîtres avaient jeté les yeux sur la ressource de l'immigration. Déjà, sous le régime de l'esclavage, quelques essais mal réussis avaient été tentés dans l'Inde et la Chine ; on les reprit, encouragé que l'on était par l'exemple de l'île Maurice, où une population d'engagés, substituée aux affranchis, avait renoué la tradition du travail et provoqué un puissant essor de prospérité. Par plusieurs de ses côtés, cette grande question de l'immigration intéresse toutes nos colonies ; mais pour ne pas sortir du cadre de cette étude, nous n'en dirons que ce qui a trait particulièrement à La Réunion.

Mieux que les Antilles, La Réunion pouvait, grâce à sa situation géographique, tirer parti de nos établissements de Pondichéry et de Karikal pour recruter des immigrants ; elle en obtint en effet dès 1851 et les années suivantes quelques milliers, et le nombre eût été plus considérable, si, en dehors du territoire fort restreint de ces deux villes, les agents avaient pu librement faire appel aux cultivateurs du voisinage, sujets de la compagnie des Indes. Toutes les tentatives pour élargir le champ d'opérations furent entravées par des règlements de la compagnie et même par des poursuites. Néanmoins le courant d'émigration indienne a repris vers la fin de 1858 ; mais une part en a été dirigée par l'administration sur les Antilles françaises, et La Réunion n'a plus bénéficié qu'à concurrence de mille ou deux mille *coolies* par an de la pépinière humaine qu'elle avait découverte.

La Chine eût plus justement mérité ce titre de pépinière, si elle avait livré à l'émigration ses contingents disponibles ; on essaya d'un convoi de Chinois sans aucun succès, malgré l'aptitude incontestable de cette race au travail agricole, parce qu'on prit des individus choisis un peu à la hâte et à la légère dans les rues de Singapore et dans l'archipel malais. Les préférences des colons ont toujours été pour les races malgache et africaine, plus vaillantes au labeur, plus faciles à acclimater, plus honnêtes et moins chères. De ce côté survinrent d'autres déceptions. À Madagascar, la reine des Hovas défendit toute émigration de ses sujets, et les capitaines furent réduits à traiter, non sans risques, avec les populations sakalaves, qu'ils avaient droit de considérer comme indépendantes. Les îles Comores, qui étaient d'un accès plus facile, ne pouvaient fournir qu'un mince apport. Dans les parages de Zanzibar, où la marchandise humaine (tel est le mot vrai) se trouvait plus abondante, l'exportation était gênée par les traités du sultan avec la couronne d'Angleterre. À Mozambique seulement, l'autorité portugaise se prêta quelque temps à ce genre de transactions, non sans varier dans ses actes, favorable quand elle s'inspirait de ses traditions nationales, sévère quand elle écoutait la voix de la métropole, docile elle-même aux vœux du cabinet anglais. On se souvient comment la saisie, dans les eaux de Mozambique, du *Charles-George*, navire de La Réunion, faillit amener la guerre entre la France et le Portugal. Sans attendre tous les résultats de l'enquête sur l'immigration prescrite après la conclusion de cette affaire, le prince Napoléon, ministre de l'Algérie et des colonies en même temps que président de la commission d'enquête, suspendit tout recrutement aux îles et sur les côtes de l'Afrique orientale. Depuis lors, les colons s'ingénient à découvrir des travailleurs, et ils ne désespèrent pas de faire concourir à leurs desseins une mission catholique en voie de se fonder dans les états de Zanzibar. En attendant, ils s'accommodent, non sans murmurer, des maigres contingents qui leur arrivent de l'Inde. Un traité dont la négociation paraît fort avancée entre la France et l'Angleterre promet aux créoles de La Réunion toutes les facilités de recrutement conciliables avec l'intérêt public et les garanties dues aux travailleurs. S'ils sont réduits à ne plus compter que sur l'Inde, la conscience publique ne saurait s'en affliger. Dans les débats qui ont retenti en Europe au sujet de l'immigration africaine, des écrivains ont trop volontiers absous de tout reproche les opérations de recrutement. Pour ne parler que de l'aire d'action de La Réunion, quiconque est un peu au courant des faits n'ignore pas quels criminels attentats, vrais actes de piraterie, ont été commis dans les parages de Madagascar et de la côte orientale d'Afrique. Il est tel navire dont le capitaine a été traduit pour ces faits devant les tribunaux : qu'il ait été acquitté et même félicité par les applaudissements du public, la vérité sur d'odieuses pratiques n'en a pas moins été connue. On sait à quoi s'en tenir, et sur la vigilance des autorités coloniales, et sur la loyauté des contrats, et sur le rôle des délégués, contre lesquels le gouverneur actuel a rendu un témoignage significatif dans un de ses arrêtés. Ces faits ne sont pas détruits ni par le mandement de l'évêque de La Réunion, qui, tout préoccupé de prosélytisme catholique, n'a tenu aucun compte de la méthode employée pour s'emparer des néophytes, ni par le silence calculé de la presse locale. Le mieux qu'aient à faire les avocats de l'immigration africaine, — et pour notre part nous ne condamnons que l'excitation aux chasses d'hommes et l'emploi de la violence ou de la fraude, — c'est de confesser les iniquités passées en imaginant des moyens propres à en prévenir le retour. Le système actuel ne vaut rien.

Il est permis en outre de ne pas prendre trop à la lettre les plaintes des habitants contre le manque de travailleurs. Jugeant la situation avec la franchise d'un nouveau-venu et d'un Français non créole, M. le gouverneur Darricau a déclaré un jour aux colons que dans ses tournées il n'avait vu partout que surabondance et gaspillage de bras : il leur a reproché d'en employer à surface égale trois fois plus que du temps de l'esclavage. Tout au moins la puissance numérique et réelle de la main-d'œuvre se trouve-t-elle aujourd'hui beaucoup plus forte que dans le temps où les propriétaires se tenaient pour contents. En 1858, on comptait cinquante-trois mille engagés, nombre presque égal à celui des esclaves en 1848 ; mais ils représentaient une force double au moins, car il n'y avait parmi eux qu'un dixième de femmes, et presque pas d'enfants ni de vieillards. Il est resté d'ailleurs environ quinze mille noirs sur les habitations. Aussi les plantations de cannes ont-elles plus que doublé en huit ans, et les récoltes, excitées par le guano et manipulées par les machines, ont plus que triplé. Quelle culture ou industrie en France peut se vanter de pareils progrès ? Ici chacun se résigne à mesurer ses spéculations sur la main-d'œuvre dont il dispose.

D'autres considérations invitent à une juste méfiance même envers l'immigration asiatique. Si elle enrichit La Réunion, elle l'inquiète et la scandalise encore plus. À aucune époque, lit-on dans les journaux de la colonie aux heures de confession publique, même dans les plus mauvais temps de l'esclavage, le pays n'eut à gémir de forfaits si nombreux et si divers que depuis l'immigration indienne. L'assassinat paraît être à l'ordre du jour parmi ces castes aux instincts farouches ; devant les attentats où le sang est versé, on ne songe plus aux vols, aux révoltes, aux incendies. De telles mœurs éveillent bien justement au sein de la population créole une légitime terreur, que ne dissipent pas les châtiments, quelque prompts et sévères qu'ils puissent être en un pays où n'est pas admis le pourvoi en cassation contre les arrêts de la justice criminelle. Tous les trois mois, des condamnations à mort sont prononcées contre les Indiens ! Les crimes se préparent dans les orgies du vice. Il suffit de dire que les convois se composent d'hommes pour les neuf dixièmes, d'un dixième seulement de femmes, pour entrevoir quels désordres couvre ce régime. Ce n'est pas que les femmes indiennes refusent de suivre leurs maris, leurs pères et leurs frères, puisqu'à Maurice elles comptent pour un tiers de la population immigrante, proportion à peu près normale ; mais à La Réunion elles sont repoussées comme étant moins propres au travail, sujettes à des infirmités, à des maladies, au nombre desquelles se comptent les grossesses et les accouchements. Les enfants forment une non-valeur et un embarras.

Appréciée avec impartialité, l'immigration fait regretter que les maîtres n'aient point renouvelé, à la fin de 1850, les efforts qui leur avaient valu deux ans de collaboration à peu près régulière de la part des affranchis ; à défaut des pères, disposés à fuir un travail qui était pour eux un souvenir et une forme de l'esclavage, on aurait pu agir sur les jeunes gens, sur les enfants même. Les 24 millions de francs que La Réunion a dépensés en huit ans pour faire venir des coolies de l'Inde, appliqués en primes au travail et en élévation de gages, n'auraient certainement pas été stériles. Pour décider les affranchis à se rapprocher des propriétaires, les règlements imposés aux engagés exotiques ne pourraient-ils être adoucis ? Si aucun noir ne veut subir le livret du coolie, n'est-ce pas une suspicion contre le livret lui-même ? Il conviendrait aussi de modifier les mœurs locales, s'il en reste quelque vestige blessant pour la fierté d'hommes qui, sans bien apprécier les conditions de la liberté, se savent fort bien échappés à l'esclavage. Dût-il en coûter un sacrifice d'argent ou d'amour-propre, l'immense avantage de constituer une société homogène et de retenir dans le pays le montant des salaires vaut bien quelque peine. Ce n'est que lorsque ce rapprochement volontaire et réciproque aura eu lieu que l'on pourra tenir pour assise sur ses vraies et solides bases la production coloniale, dont nous avons maintenant à apprécier les caractères et les ressources.

II.

La production — Le sucre — Le café — La vanille — Les vivres — Cultures et industries secondaires

A. La Réunion, la production roule presque entièrement sur le sucre ; à lui seul, il forme les 97 centièmes de l'exportation. Il n'en fut pas toujours ainsi. À d'autres époques, les plantes alimentaires ou, comme on dit aux colonies, les *vivres*, les tabacs, le café, le girofle, le coton, dominaient ensemble ou tour à tour. Cette mobilité d'allures, qui passe d'un produit à l'autre suivant les variations des règlements et même de la mode, est un des caractères de l'agriculture coloniale à peu près inconnu à l'agriculture européenne. Il est trop certain que les colonies, au lieu de vivre pour elles-mêmes et de s'assurer d'abord des nécessités immédiates de l'existence, ont été artificiellement conduites à n'être que les annexés commerciales des métropoles : par cette instabilité fâcheuse, leurs opérations se rapprochent de l'industrie manufacturière, soumise comme elles aux chances des révolutions économiques. Elles ne se consolident qu'en s'appropriant quelques-uns de ces produits, qui furent d'abord de luxe et deviennent aujourd'hui de nécessité, parce qu'ils entrent de jour en jour dans la consommation générale des peuples comme matières premières de la nourriture et de la fabrication : dans cette catégorie sont le sucre et le coton.

La Réunion s'est approprié le sucre en des proportions qui semblent défier désormais l'inconstance de la fortune. Sur le littoral, où elle prit d'abord racine en arrivant de l'Inde, la canne a envahi tous les terrains cultivables, puis, s'élevant des bas-fonds, elle a enveloppé les coteaux, et de proche en proche gagné des hauteurs qu'on lui jugeait interdites pour toujours. Inaugurée de 1815 à 1822, cette culture occupait en 1856 près du quart de la superficie totale de l'île. Dans la seule période décennale de l'émancipation, la production a monté de 19 millions de kilogrammes à plus de 60 millions. Tout ce mouvement de production et de commerce est centralisé dans cent trente-cinq sucreries, vastes établissements à la fois agricoles et industriels distribués entre les divers quartiers de l'île, dans la zone inférieure ; il en est plusieurs qui produisent tous les ans de un à deux millions de kilogrammes de sucre. Pour en arriver là, ces usines ont dû appliquer, avec une hardiesse d'initiative qui laisse bien en arrière les autres colonies, la science des ingénieurs et l'habileté des mécaniciens à l'installation et à la conduite des appareils les plus perfectionnés. Les hauts prix de 1857 ont favorisé le renouvellement du matériel, consolidant ainsi, mieux que par des bénéfices dont une part s'est évaporée en téméraires spéculations, le progrès industriel. L'histoire de cette transformation ayant été racontée ici même, disons seulement que le système primitif de cuisson à feu nu ne se soutient plus que dans trois usines, et que la lutte se resserre entre le système des basses températures dites de Wetzelle, avec ou sans turbines, et celui de la cuisson dans le vide, avec turbines, qui représente pour le moment le dernier terme des perfectionnements dans la beauté des produits. Introduit depuis peu d'années, ce dernier système n'a pris possession que de sept ou huit usines, bien que, sortant de ses appareils, le sucre puisse entrer dans la consommation sans raffinage : c'est que le bénéfice ne paraît pas être en rapport avec le surcroît des dépenses. Même par les procédés ordinaires, la qualité du sucre de La Réunion le classe généralement au-dessus du similaire de nos autres colonies, et le profit est plus assuré.

De son côté, la culture a aussi accompli certains progrès, prélude et promesse de ceux qui restent à réaliser. La variété de canne autrefois universellement adoptée, dite blanche ou jaune de Java, ayant été atteinte en 1843 d'une maladie qui menaçait le pays d'une entière ruine, fut remplacée avec avantage par la rouge de Tahiti, jusqu'alors dédaignée comme trop difficile à manipuler et donnant un sucre d'une nuance trop foncée. L'innovation se montra doublement heureuse. En même temps que le mal fut arrêté, on vit même, sur les terres inclinées et argileuses de la région moyenne où la canne blanche végétait péniblement, la nouvelle variété dépasser en vigueur les plus belles plantations du littoral, et ses racines plus profondes résister mieux aux ouragans. On lui a associé, comme participant à ses privilèges, une autre sorte de canne qui porte le nom de son introducteur, M. Diard.

Le guano a exercé aussi une heureuse influence sur la production. Autrefois l'hectare donnait en première coupe 4,200 kilogrammes de sucre, et la moitié pour les recoupes de deux ans. Aujourd'hui les terres parfaitement travaillées et fumées produisent le double. On doit une partie de ces succès à des sarclages multipliés et faits avec soin ;

ce qui appartient incontestablement au guano, c'est la réduction de l'étendue et de la durée des soles réservées pour le repos et l'alternance des terres, ainsi que l'appropriation à la canne de terrains qui n'auraient pu sans cet engrais la porter avec avantage. Pour refaire les terrains épuisés, les planteurs ont substitué à l'espèce de pois qui était usité comme engrais en vert, et qui avait dégénéré, le pois noir ou de Mascate, plante annuelle, robuste, croissant partout et en toute saison, dont le feuillage rampant et touffu abrite le sol sous une bourre épaisse favorable à la composition de l'humus : enfoui, à la façon des lupins d'Europe, en un matelas de verdure, il devient un engrais excellent. Il reste à l'esprit de réforme agricole à mieux utiliser les forces animales et mécaniques pour la coupe et le transport des récoltes, autant du moins que le permet un sol tout jonché de pierres, débris des laves primitives, et à prévenir les ravages du *borer (proceras sacchariphagus)*, insecte tellement nuisible que Maurice a fondé un prix de 50,000 fr. pour la découverte d'un moyen efficace de destruction.

Les résidus des sucreries sont livrés aux *guildiveries*, nom local de l'industrie qui fabrique les araks et les rhums, spiritueux non moins goûtés du peuple et non moins dangereux que leurs similaires d'Europe ; aussi en a-t-on assujetti la fabrication et le commerce à divers impôts qui figurent au budget des recettes de la colonie, en 1859, pour une contribution de 1,400,000 fr. Les produits de ces guildiveries s'exportent peu en Europe, à la différence des rhums des Antilles ; l'emploi de sirops inférieurs dans la fabrication, la rareté des récipients, expliquent la défaveur qui pèse sur ces produits. Aussi poursuit-on quelques essais pour donner aux résidus une autre destination en transformant les mélasses en sucres concrets.

La distillation du vesou, jus de la canne, a rendu familières à la colonie les industries analogues. On y prépare des vinaigres, des liqueurs, des parfums, des vernis à meubles et à tableaux, des médicaments enfin, où l'alcool de la canne à sucre s'allie aux extraits de fleurs et de fruits, de légumes et de racines de toute sorte dont l'île est dotée avec profusion. À la production sucrière se rattache encore la fabrication des sacs de vacoa destinés à l'emballage. L'arbre ainsi nommé, d'un aspect fort curieux, représente une colonne qui porterait autour de son fût un double enroulement de lames aiguës, droites, aiguisées en pointes. Lorsque se dressent, aux flancs du tronc principal, des rejetons armés eux-mêmes de dards semblables, on dirait un fantôme portant à la tête et aux mains une forêt rayonnante de pointes homicides. De l'écorce descendent des faisceaux d'appendices unis et droits qui s'enfoncent dans la terre comme, autant de cordes destinées à soutenir un tronc que le vent ébranle et que la tempête menace. Tandis que nos arbres poussent leurs branches vers le ciel, les nouvelles générations du vacoa rentrent dans le sol et s'y implantent. C'est avec ses feuilles, déchirées en lanières très résistantes, que se font les sacs d'emballage et en outre beaucoup d'ouvrages de sparterie, ressources de la population pauvre, et en quelque sorte sa monnaie courante, tant en est facile le placement ; on en exporte même pour Maurice. On n'évalue pas à moins de 2 millions de francs la valeur annuelle des sacs de vacoa.

Après la canne à sucre et ses nombreuses dépendances industrielles, tout le reste est secondaire : dans les denrées d'exportation, il n'y a plus guère à compter que le café, la vanille, le girofle. Le cacaoyer s'en va ; le cotonnier, qui comptait autrefois parmi les richesses de l'île et passait pour supérieur à tous ses rivaux, sauf celui des Seychelles, a presque entièrement disparu, et la distribution officielle des graines de longue soie ne semble pas devoir le faire revivre ; pour les besoins domestiques, on le remplace par le duvet de l'ouatier, dont la croissance est rapide, et la multiplication facile. Le mûrier est l'objet de quelques essais d'un succès douteux encore, non pour la végétation de l'arbre, qui acquiert une vigueur luxuriante au milieu des laves qui se décomposent, mais pour l'éducation des vers à soie, difficile à conduire sous une température qui pousse toujours à l'éclosion des œufs.

Le cafier fut jadis ce qu'est aujourd'hui la canne : la principale fortune de la colonie. Un pied unique venu de l'Yémen en 1717, le seul qui résista à la transplantation, fructifia si abondamment que vers la fin du siècle on comptait plus de huit millions de pieds issus de ses graines. La culture du café avait transformé Bourbon en un immense verger, plein de fraîcheur et de charme. La fève, renommée pour son arôme dans le monde commercial, connut l'apogée de sa prospérité dans la période quinquennale de 1821 à 1820, où l'exportation annuelle atteignit une moyenne de 2 millions de kilogrammes. Une graduelle décadence a réduit ce chiffre à 135,000 kilogrammes en 1858. Les désordres atmosphériques en ont été la cause principale. Le cafier, qui a besoin de chaleur humide, redoute les rayons directs du soleil et la sécheresse de la terre : aussi le plante-t-on à l'abri d'autres arbres parmi lesquels les girofliers, productifs eux-mêmes, avaient été choisis. La plupart de ces derniers furent renversés par le terrible ouragan de 1829, qui découvrit ainsi et ravagea les cafiers eux-mêmes. Les coups de vent qui se succédèrent les années suivantes, et surtout l'affreuse tempête du 1er mars 1850, renouvelèrent les désastres, si bien que l'exportation de 1851 tomba à 69,000 kilogrammes. Par une fatale coïncidence, un autre arbre qui partageait le rôle tutélaire du giroflier, le *bois noir (imbricaria petiolaris)*, dépérissait sous les ravages d'une maladie mystérieuse, tout en offrant dans ses débris un engrais précieux pour la canne à sucre. À ces échecs multipliés, au découragement général qui s'ensuivit, on opposa pourtant quelques efforts courageux. En 1842, par ordre de M. de Hell, gouverneur d'alors, M. Jehenne, officier de marine, fut envoyé dans l'Yémen pour régénérer l'espèce moka par des graines prises à la source même ; à la variété de provenance arabe on en adjoignit trois ou quatre autres : le café Leroy, le café myrte, le café marron ou sauvage, indigène de l'île, autant de sortes dont les qualités diverses répondent à la diversité des goûts et des terroirs. La préparation a inspiré aussi quelques nouveautés. Un colon, M. Frappier, a imaginé un procédé de décortication qui élève la valeur de la graine tout en réduisant la dépense. Peu à peu la culture se relève, et en 1856 elle couvrait encore 2,400 hectares. Banni de la zone inférieure par la canne, le cafier se réfugie dans les hauteurs, où il trouve d'ailleurs sous de plus frais abris une température plus modérée et plus humide. On voit des plantations jusqu'à 800 et 900 mètres d'altitude.

La vanille, qui figure depuis quelques années à peine sur les tableaux du commerce de La Réunion, y dispute déjà le second rang au café ; elle partage l'approvisionnement de la métropole avec le Mexique, qui semblait avoir jusqu'à ce jour le monopole du précieux aromate ; elle s'y est placée d'abord au prix énorme de 250 fr. le kilogramme, et y trouve encore celui de 160 fr., largement rémunérateur. Encouragés par de beaux bénéfices, les colons ont partout mis en terre des boutures de cette liane, qui s'enlace aux arbres, grimpe sur les treillages, s'allonge en espaliers, accroche ses vrilles aux murs et aux rochers, embellissant les jardins et les vergers par la fraîcheur de ses feuilles, par le suave parfum de ses grappes de fleurs et de gousses. Les soins délicats qu'exige une fécondation que la nature semble refuser d'accomplir seule éveillent la vigilance du noir et du créole sans les fatiguer. Les engrais et les irrigations donnés au vanillier profitent aux arbres fruitiers, tuteurs de la plante sarmenteuse, et les savants seuls persistent à qualifier de parasite un végétal des plus utiles. L'exportation de 1858 a été de 1,917 kilo valant 306,000 francs. De tels succès ont permis de supprimer les primes d'encouragement fondées en 1853. Les habitants, ravis d'une conquête qui réalise à un haut degré ce beau idéal de l'utile joint à l'agréable, n'ont plus d'autre souci que de préserver le vanillier d'un insecte qui le menace, et de prévenir, par l'extension des débouchés et des emplois, l'abaissement de prix que provoquerait une production supérieure aux besoins.

On a vu quels malheurs ont frappé le giroflier, bel arbre en pyramide, aux panicules de fleurs roses et odorantes, un des plus élégants et des plus beaux de l'archipel indien, introduit à Bourbon en 1767 par le célèbre intendant-général Poivre avec beaucoup d'autres espèces végétales qui ont rendu son nom cher au souvenir des créoles. En peu d'années, les girofliers devinrent l'un des ornements et des trésors du pays : temps regretté ! l'arbre coûtait peu et rapportait beaucoup. Le *clou*, qui est le bouton desséché de la fleur, exporté en Asie par une dérogation exceptionnelle au monopole métropolitain, servait de retour aux navires qui importaient du riz de l'Inde. Les ouragans ont détruit cette prospérité, fort ébranlée déjà par la concurrence du sultan de Zanzibar, qui a multiplié les girofleries dans des conditions de bon marché que le despotisme seul peut se procurer. La chimie même a fait tort au girofle en inventant, pour la teinture des tissus, des mordants minéraux qui dispensent des épices aux pénétrantes saveurs.

Le kilogramme, qui valait jadis de 12 à 16 francs, est tombé à 80 et 90 centimes. Adieu les rêves de fortune ! Il n'est resté de fidèles au giroflier que les plus modestes propriétaires, à qui tout changement d'exploitation, même avantageux, est une charge trop lourde pour leurs finances. L'exportation pour la France, qui en 1849 était encore de 728,000 kilogrammes, n'a plus été en 1858 que de 21,000.

Le tabac compterait au nombre des articles d'exportation, si les manufactures impériales de France lui montraient quelque bienveillance. Au début de la colonie, il fut la première et resta quelque temps la seule matière d'échange ; il servait même de monnaie. Longtemps comprimé par le monopole d'une régie locale ou éclipsé par le triomphe du café et de la canne à sucre, il se relève avec une certaine fermeté confiante. En 1856, on ne comptait pas moins de 627 hectares de plantations, produisant 300,000 kilogrammes de tabac, qui se plaçaient à bon prix sur les lieux comme tabac, à fumer.

Parmi les denrées que l'Europe importe de l'Orient, Bourbon a cultivé encore en divers temps le poivrier de Malabar, le muscadier et le gingembre des Moluques : tous ces végétaux ont été supplantés par la canne à sucre. Le même sort attend probablement le thé de la Chine, l'indigo du Bengale, la cochenille des Canaries, l'arachide de la

Sénégambie, sur lesquels se reporte de temps en temps la pensée publique, en quête de nouveautés à acclimater. La spéculation aime mieux se concentrer que se diviser, et le risque de destruction est moindre d'ailleurs avec une plante herbacée, qui fléchit sous les coups de vent et peut aisément se remplacer d'une année à l'autre, qu'avec des arbustes dont la destruction emporte la récolte de plusieurs années. En revanche, les cultures secondaires s'accommodent d'un moindre capital, et laissent beaucoup plus de jours libres pour la production des *vivres*, cette autre face de l'économie rurale des colonies.

En toute agriculture, la série des produits d'exportation, d'après lesquels se mesure le gain, a pour complément obligé une série parallèle de produits alimentaires destinés à l'entretien des hommes et des bestiaux. Ceux-ci, ne figurant pas dans les registres de la douane, sont moins appréciés ; ils ne sont pourtant pas moins utiles, comme l'on s'en aperçoit lorsqu'une insuffisance de vivres amène la cherté, Aussi ne doit-on pas à ces modestes denrées moins d'honneur et d'attention qu'à leurs brillantes rivales.

À Bourbon, la production des denrées alimentaires a passé par les mêmes vicissitudes que la culture commerciale. Dans les premiers temps, le blé, introduit d'Europe, semé et récolté sur place, servit de base à l'alimentation, fait bien rare dans les pays tropicaux. Le maïs et le riz étaient en partie récoltés dans l'île, en partie expédiés de Madagascar et des Indes. À ce fonds alimentaire s'est ajoutée successivement une multitude de légumes, de racines, de fruits, venus de tous les pays du monde, et primitivement cultivés, par ordre, pour les besoins des navires en relâche. À côté d'aliments dont le nom exotique, ou du moins quelque peu étranger, comme les *embrevades*, les *cambares*, les bananes, les patates, répond à nos idées sur la flore asiatique et africaine, se trouvent les ornements les plus vulgaires de nos potagers. L'ananas mûrit près de la fraise et de la framboise. Les animaux mangent alternativement des *songes* ou de l'*arrow-root*, ou des *dhams* et des *dhales*, puis de l'avoine et du maïs.

Les fruits sont peut-être plus divers encore : on trouve à Bourbon la plupart de ceux de l'ancien et du Nouveau-Monde, presque tous acclimatés dans le beau jardin botanique de Saint-Denis, fondé au siècle dernier par Charpentier de Cossigny, sous l'inspiration de Poivre. De là ils se répandent dans les divers quartiers de l'île, aux diverses altitudes, sans rien perdre de la saveur et du parfum de leur pays d'origine. Par les arbres nous touchons aux industries qui I exploitent les diverses parties de leurs organes et de leur membrure. Le bananier et l'aloès (*agave*) fournissent, comme le vacoa, des écorces et des feuillages textiles. Le pignon d'Inde, le *croton tiglium*, le bancoulier, l'olivier même, portent des fruits riches en huiles. D'autres sont estimés pour leurs propriétés tinctoriales, pharmaceutiques ou aromatiques. L'ébénisterie surtout connaît des essences dont les veines riches, l'éclat velouté et l'élastique souplesse des tissus rivalisent avec l'acajou et le palissandre. L'exploitation en est facile ; les arbres les plus éloignés dans l'intérieur ou sur les pentes des montagnes ne sont pas à plus de quatre jours du littoral. Malheureusement à Bourbon, comme dans la plupart des colonies, les mêmes espèces ne sont pas groupées par masses homogènes ; des individus de toute famille sont confusément entremêlés, ce qui oblige de recourir à la méthode fort coûteuse du *jardinage*, à moins que l'on ne tire en même temps parti de tous les sujets, suivant les propriétés de chacun. Ils acquièrent d'ailleurs rarement de fortes dimensions à cause du peu de profondeur du sol.

On hésite à recommander l'exploitation des richesses forestières de l'île en songeant que la hache du planteur et du charbonnier n'a que trop dévasté les bois. Autrefois l'île tout entière était une forêt qui des sommets descendait jusqu'au rivage de la mer ; les déboisements l'ont réduite à une zone de quelques kilomètres dans le haut de la seconde zone et sur les montagnes : le fer et le feu, l'insouciance et la cupidité ont commis ces ravages. Les déboisements excessifs ont, à Bourbon comme ailleurs, dénudé les pentes, livré aux vents et aux ouragans la surface du sol dépouillé. Une profonde perturbation climatérique en a été la conséquence, et l'on n'impute point à d'autres causes une alternance de longues sécheresses et de pluies torrentielles bien plus prononcée qu'autrefois. Des règlements administratifs ont naguère essayé de réparer les désastres : l'avenir dira s'il n'est pas trop tard. Frappés de ce péril, quelques hommes prévoyants du siècle dernier et de notre époque ont tenté de les conjurer au moyen de plantations considérables, pour lesquelles ils ont mis à contribution l'Australie, la Chine, l'archipel indien, l'Inde, Madagascar, l'Abyssinie, la côte orientale d'Afrique, le Cap, l'Amérique méridionale, même l'Algérie et le midi de la France. À leur tour, ces belles plantations et les parcs qu'elles ombrageaient disparaissent sous l'invasion de la canne à sucre, et la colonie ne peut plus qu'implorer la conservation de ce qui lui reste de richesses forestières données par la nature.

On s'applique, par des travaux plus directs, à régulariser le cours des eaux au moyen de barrages et de canaux, de ponts et d'aqueducs, que la forme de l'île réclame à chaque pas. Les usines y disputent les eaux à l'irrigation, les villes les enlèvent aux campagnes. ! Aussi les travaux hydrographiques, marqués au coin d'une certaine indécision, sont-ils moins avancés que ceux de la viabilité, qui représentent le plus beau côté des travaux publics. Deux routes de ceinture déploient autour de la colonie le double et parallèle ruban de leur tracé ; elles sont coupées transversalement par un chemin trop imparfait encore et trop isolé, qui fait communiquer, à travers les plaines intérieures, les deux versants de l'île. Des chemins de service ont été pratiqués le long des ravins, dont un petit nombre seulement est resté jusqu'à présent inexploré. Un tunnel en cours d'exécution tente de percer l'énorme montagne de lave qui sépare Saint-Denis de La Possession, obstacle aux relations faciles entre les deux arrondissements. À l'autre bout de l'île, la coulée de lave, de 13 kilomètres de large, qu'a formée le volcan, a été complètement franchie, et les dégâts qu'occasionne chaque nouvelle éruption sont facilement réparés.

C'est au bord de la mer que les travaux publics, au-dessus desquels plane l'ombre de La Bourdonnais, le célèbre gouverneur, prennent le caractère d'une lutte courageuse contre les difficultés naturelles. Sur les douze rades de l'île, trois seulement ont paru susceptibles d'amélioration : celles de Saint-Denis, de Saint-

Paul et de Saint-Pierre ; partout ailleurs la profondeur abrupte de la côte, la ceinture de récifs de corail, les sables et les galets que les vagues rejettent et accumulent, ont fait renoncer à toute entreprise. Même à Saint-Denis, on n'a pu dominer toutes ces forces, aussi puissantes qu'aveugles, et des jetées qui s'avançaient en mer ont été repliées par le flot sur le rivage, comme une barrière que ferme la main de l'homme. On a dû se contenter de ponts qui s'élancent au large sur des pilotis en bois et des colonnes de fer pour faciliter le débarquement des passagers. À Saint-Paul, favorisé d'une rade bien meilleure, un *patent-slip*, ou cale de halage, est en voie de construction. À Saint-Pierre, un port de commerce, de refuge et de carénage a été décrété : il sera pris en partie sur l'embouchure de la rivière, en partie creusé dans les terres à l'intérieur. On compte pouvoir y réparer les avaries qui forcent aujourd'hui les navires français à se rendre à Maurice, et attirer même, par de meilleures conditions de main-d'œuvre, bien des navires qui attendent longtemps à Port-Louis leur tour de réparation. En même temps, le fret et l'assurance diminueront comme le risque lui-même. Hors de ces trois points, les transports se font au moyen de grandes barques qui viennent charger les récoltes sur la plage malgré la houle, et les font passer sur les grands navires qui mouillent aujourd'hui à

Saint-Denis et Saint-Paul, centres principaux d'affaires pour les deux versants de l'île. Ce cabotage ne laisse pas que d'être actif, et le serait davantage, si un navire stationnaire à vapeur faisait lui-même autour de l'île un service de circulation pour porter secours en cas d'accidents. La navigation elle-même, quelque incommode et périlleuse qu'elle soit, compte bien d'ordinaire une quarantaine de navires mouillés en rade. On réclame avec instance des améliorations aux règlements administratifs qui prolongent le séjour des capitaines, pour leurs opérations, au-delà du temps strictement nécessaire.

La supériorité de la rade de Saint-Paul sur celle de Saint-Denis a inspiré l'idée d'y faire aboutir un chemin de fer, à traction de chevaux, qui recevrait les cargaisons et de là les conduirait au chef-lieu de l'île et plus loin. Pour l'étudier et l'exécuter, une société s'est formée et a été approuvée en 1858. Depuis lors, il s'est fait autour d'elle un silence de mauvais augure, qu'explique, outre la difficulté du tracé, la crainte d'un déplacement probable d'intérêts et d'influences. Il serait beau de voir les rivalités locales céder à la haute utilité d'une ligne ferrée, qui relierait en une vivante et intime unité tous les quartiers, toutes les communes et presque toutes les habitations. Dès à présent, la télégraphie électrique pourrait préluder à cette union : nul pays ne s'y prêterait mieux que cette petite île, aux contours elliptiques, aux courts diamètres. L'on y pense, et l'on pense même à prolonger la ligne électrique jusqu'à Maurice d'une part, jusqu'au cap de Bonne-Espérance de l'autre. De Maurice, un câble sous-marin irait rejoindre l'Australie, Ceylan et l'Inde, Aden et Suez. Tels sont les grands projets que font naître les succès déjà obtenus pour la rapidité des communications entre l'Europe et ses colonies de l'Océan-Indien. Il y a quelques années à peine, les îles sœurs étaient à trois mois de distance de leurs métropoles, et souvent à quatre et cinq mois : rattachées aujourd'hui par un service spécial sur Aden à la Compagnie péninsulaire et orientale, qui dessert l'Australie, elles échangent tous les mois avec le continent leurs correspondances et leurs passagers, et combinent déjà les moyens d'obtenir un double service mensuel.

Comprimé dans ses élans, le mouvement commercial de la colonie n'en a pas moins atteint des proportions remarquables : de 33 millions en 1846, il s'est élevé, en 1857, à 65 millions, à peu près le double ; ce chiffre assigne à Bourbon le premier rang dans la hiérarchie commerciale de nos colonies, l'Algérie exceptée, tandis qu'avant l'émancipation, la Martinique et la Guadeloupe le lui disputaient. Proportion gardée des surfaces et des populations, le commerce général de la France devrait s'élever à 16 ou 17 milliards pour égaler celui de La Réunion. Or il atteint à peine 5 milliards : c'est dire ce qu'il y a de vigueur créatrice dans cette petite colonie, dont les habitants passent quelquefois pour être énervés par le climat.

III.
Les subsistances — La grande propriété — Le régime commercial — L'absentéisme

Ainsi envisagée dans ses traits les plus saillants, la situation économique de La Réunion ne laisse pas soupçonner les plaies intérieures qui rongent la colonie. Cette société, si prospère à la surface, est pourtant malade dans ses profondeurs. Faute d'équilibre et d'harmonie entre les diverses forces qui la constituent, elle avance vers l'inconnu avec plus d'ardeur que de sagesse, au risque de se briser contre des écueils.

Ces écueils, des voix vigilantes et sincères les lui signalent avec insistance. Elles disent que la canne à sucre, s'emparant de toutes les terres cultivables, devient l'unique base de la fortune coloniale, et l'expose à des risques terribles si une maladie venait frapper cette plante, comme on l'a vu en

Europe pour la vigne, la pomme de terre, le ver à soie. La rareté et la cherté des denrées alimentaires, qui sont la conséquence de ces empiétements de la canne, imposent aux classes pauvres de dures privations et menacent sans cesse la colonie d'une disette. Le même courant engloutit les moyennes et petites propriétés dans les grandes, où trône la canne seule. Des crises monétaires et commerciales viennent, à de courts intervalles, entraver les transactions et compromettre les bénéfices acquis. Les rigueurs du pacte colonial gênent le commerce dans ses plus légitimes spéculations, et la solidarité de ses entraves pèse sur la production tout entière. Enfin le charme qui longtemps retint les propriétaires au pays natal semble s'effacer, et l'*absentéisme*, comme un ver rongeur, s'insinue au cœur de la colonie. Les sinistres mots d'Irlande et de paupérisme retentissent même dans les solennités officielles.

Toutes ces causes de malaise peuvent se rapporter à un seul principe, l'essor exclusif de certains organes du corps social, l'arrêt de développement des autres. Quant au remède, il faut aussi le demander à une idée générale et suprême, au développement régulier de toutes les forces. Opposez aux envahissements de la canne l'accès facile de toutes les terres où d'autres cultures redouteront sa concurrence moins que sur le littoral ; combattez ce qui survivra de cherté alimentaire parle libre commerce à l'intérieur, par le libre approvisionnement à l'extérieur ; modérez la prépondérance excessive des grandes habitations par la constitution d'une classe moyenne dans des communes rurales ; tempérez le monopole métropolitain, qui engendre les crises monétaires et commerciales, par une large liberté de commerce avec les peuples étrangers ; écartez les tentations de l'absentéisme par des conditions d'existence politique et administrative qui captivent l'ambition. Aux maux qui dérivent d'une liberté incomplète il n'est de meilleur remède qu'une liberté plus grande. Dans les sociétés humaines comme chez les individus, on ne développe pas impunément certains membres à l'exclusion des autres : la santé, c'est l'harmonie.

Réduire de vive force la canne en la cantonnant étroitement, en l'imposant durement, il n'y a pas à y penser. Toute interdiction se heurte contre les lois, les mœurs et les intérêts. D'après une des lois les plus certaines de l'économie politique, tout pays doit se consacrer au genre de production où il a le plus de supériorité, et mieux lui vaut une branche dominante, ou du moins un petit nombre de branches où il brille, qu'une multitude de rameaux secondaires. Plus simples et plus sûres, les opérations deviennent aussi plus fructueuses. Les risques se couvrent au moyen de l'épargne dans les années prospères, au moyen d'assurances en toute époque. Les lacunes de la production locale se comblent par l'importation, qui s'élève d'elle-même au niveau des exportations. Si l'île n'était propice qu'à une seule culture, lucrative d'ailleurs, on pourrait donc s'y résigner sans trop d'inquiétude ; ce serait sage, surtout quand il s'agit de la canne à sucre, dont le produit, dès que les tarifs douaniers le permettront, acquerra le débouché le plus universel qui se puisse espérer, car tous les hommes, en tous pays, recherchent le sucre. Dès ce jour, même dans des conditions douanières très onéreuses, la canne, qui procure à quelques habitants une fortune princière, est pour les autres une source inépuisable de travail et de salaire ; elle fait au loin le prestige et la richesse de la colonie. Mais La Réunion, loin d'en être réduite à cette ressource unique, possède dans sa zone moyenne et dans les plaines supérieures de vastes espaces propices, les uns aux cultures arborescentes, les autres aux vivres et au bétail. Que les quatre mille hectares de la plaine des Palmistes se couvrent de végétaux comestibles, tandis que sur les savanes plus étendues encore et admirablement saines de la plaine des Cafres paîtront de nombreux troupeaux de moutons et de bœufs, la disette ne menacera plus La Réunion. Mieux que des encouragements artificiels, la viabilité procurera ce bienfait. C'est à elle bien plus qu'à la nature des terres que le littoral doit ses progrès. La culture aborderait aussi les hauts de l'île, si les familles pauvres qui tentent de s'y installer n'étaient trop souvent épuisées et découragées par les courses à faire à travers des terrains dont aucune voie n'ouvre l'accès. Sous une autre forme, la liberté rendrait les marchés mieux fournis dans les villes, les bazars moins rares dans les campagnes, et partout la vie serait moins coûteuse, si des règlements ne gênaient le commerce intérieur. Au dehors encore, la liberté commerciale souffre à raison des taxes qui grèvent les produits des cultures secondaires à leur entrée en France. La suppression ou une large réduction partielle de ces taxes serait le plus efficace des encouragements.

Les subsistances se trouvent d'ailleurs renchéries par des causes qui échappent à toute législation : un plus grand nombre de navires sur rade à approvisionner, une plus abondante consommation dans la classe des affranchis, l'élévation plus nominale que réelle qui provient de la moindre valeur de l'argent par l'abondance des capitaux, l'accroissement de population par l'excédant des naissances sur les décès, enfin et surtout l'immigration asiatique, qui a changé radicalement les habitudes antérieures. Autrefois toute la population esclave employait ses journées libres à la culture du manioc et de ses autres vivres ; la loi l'exigeait, et les maîtres y veillaient. Ceux-ci faisaient d'ailleurs de la vente des aliments au marché une spéculation qui se traduisait en beaux bénéfices que rapportaient fidèlement des serviteurs honnêtes. Autres serviteurs, autres mœurs ! Les coolies asiatiques veulent être nourris avec du riz de l'Inde ; ils sont trop suspects pour qu'on leur confie la tenue du bazar, ils coûtent trop cher pour qu'on ne leur demande pas le travail le plus lucratif. En de telles conditions, le jardin et la basse-cour ont dû être négligés dans les habitations, et toutes les forces ont été reportées sur la canne à sucre ; les jours qu'elle ne prend pas suffisent à peine à la culture des fourrages et des racines nécessaires aux nombreux bestiaux employés aux charrois. Nous ne connaissons qu'une large liberté de commerce extérieur qui puisse parer aux nécessités nouvelles de la situation, et elle y suffirait pleinement, comme l'expérience l'a montré à Maurice au plus fort de la guerre de l'Inde.

À La Réunion, on a eu aussi recours à la liberté commerciale, mais temporairement et à contre-cœur, sous le coup d'une panique. Alors on a autorisé l'introduction des denrées alimentaires, même par navires étrangers, sous dispense de tout ou partie des taxes ordinaires ; une prime a même été accordée pour l'importation des riz de Madagascar. Sans recourir à des faveurs trop exceptionnelles et trop onéreuses pour devenir permanentes, que le régime des libres approvisionnements devienne la règle commerciale de la colonie, et des centaines de navires, pareils à des ponts mobiles, prolongeront le territoire de la colonie vers le Cap, Madagascar, l'Inde, l'Australie. Alors on ne perdra pas son temps et son influence à recommander aux colons des cultures qu'ils ont raison de dédaigner quand elles cessent d'être lucratives, et l'on ne songera pas à les leur imposer de force. Si elles offrent quelque avantage, le besoin intérieur, la liberté d'exportation toujours maintenue, seront de suffisants aiguillons. Avec les conditions normales de toute société reparaîtra une sécurité en vain demandée à des combinaisons factices.

Sur un autre point toutefois, l'équilibre manquera encore. Au phénomène agricole d'une culture exclusive, de la *monoculture*, comme on devrait dire, se lie intimement le phénomène social de l'absorption de la moyenne et petite culture par la grande, qui s'observe à La Réunion plus qu'en toute autre colonie. Par un contraste digne de toute l'attention des économistes et des hommes d'état, le code civil, qui en France est accusé de provoquer le morcellement indéfini des héritages, se prête là-bas à la concentration du sol avec une étonnante facilité. C'est au point qu'en ce moment la zone cultivée en cannes, la plus fertile de l'île et la plus rapprochée des villes et des rivages, est presque tout entière possédée par les cent trente-cinq usines à sucre, et ce qu'elles ne possèdent pas, elles le dominent par des avantages qui équivalent de bien près à la propriété, et qui ne tarderont pas à y conduire. À distance, on sourit à un état de choses qui met en relief tous les avantages des grandes exploitations : puissance des capitaux concentrés, emploi des machines, carrière ouverte à l'intelligence par la haute industrie, adoption des progrès et des réformes, organisation régulière du travail sur une grande échelle, production au plus bas prix de revient, développement illimité de l'exportation par la possibilité de tenir tête à tous les rivaux. De tels mérites, semblent assurer à tout jamais la prospérité et la durée des établissements ; mais il faut tenir compte aussi de quelques côtés moins brillants du tableau. Nul ne s'est à ce sujet exprimé plus franchement que M. le gouverneur Darricau lors de sa première tournée dans la colonie. — Après avoir vu, a-t-il dit, à côté de la plus luxuriante culture la plus triste pénurie, à côté de la richesse dans un petit nombre de mains moins que la médiocrité dans la plus grande partie de la population, il ne se sent pas la force de proclamer la prospérité de la colonie ; loin de là, il juge la situation actuelle pleine de danger. — Ce danger, il est dans l'obstacle qu'opposent à la constitution régulière de la famille et de la propriété des bandes de prolétaires exotiques sans racines dans le pays, dans la division profonde de la société en trois classes, les blancs, les noirs, les immigrants, que nul lien d'intérêt ou de cœur ne rapproche sympathiquement en un faisceau : ce sont trois peuples étrangers l'un à l'autre au sein d'une petite île qui ne peut cependant asseoir sa prospérité que sur leur alliance volontaire et durable. Il s'accomplit là, dans le domaine de l'agriculture, la même évolution qui s'observe en Europe dans le domaine industriel et semble inaugurer une phase nouvelle de civilisation : le régime de la manufacture (nom bien mal choisi pour marquer la prédominance de la mécanique) supplante rapidement et la fabrique et le ménage isolés. On voit naître ainsi comme une féodalité de capitalistes, répartissant d'une façon très inégale les bénéfices matériels et moraux entre une minorité de maîtres puissamment constitués et une majorité d'ouvriers désarmés par la loi. Ceux-ci sont trop souvent livrés au vice et à la misère, car tous les désordres naissent d'eux-mêmes dans une atmosphère où manquent la famille qui réchauffe le cœur et l'instruction qui éclaire l'esprit. Aussi les engagés rentrent-ils dans leur patrie au bout de quelques années, emportant les salaires accumulés d'une longue période de travail, sans avoir rien ajouté ni à la population ni à la force sociale de la colonie. La loi n'autorise même la prolongation de leur séjour dans l'île qu'à la condition d'y contracter un second engagement pareil au premier, et quoique cette mesure ne soit pas, assure-t-on, rigoureusement observée, elle ne peut qu'éloigner de l'esprit des immigrants l'intention de s'y créer une petite existence indépendante, en famille, comme font beaucoup d'entre eux à Maurice, où toute liberté leur est laissée. De leur côté, les habitants, de plus en plus détachés de tout amour désintéressé du pays natal, impatiens d'escompter un avenir qui pourrait bien ne pas offrir à leurs enfants les mêmes profits qu'à eux-mêmes, ne voient plus dans les colonies qu'une usine, un capital productif de revenus, et non plus comme jadis une patrie digne de tous les dévouements, à commencer par le séjour.

L'origine de cette situation remonte à l'émancipation accomplie en 1848 avec une ardeur précipitée, qui ne ménagea pas suffisamment la transition. L'indemnité promise par le décret du 26 avril ne fut liquidée qu'à prix très inférieurs aux valeurs réelles, payée au bout de deux ans seulement et en rentes sur l'état, dont une part fut même retenue pour la création d'une banque coloniale, tandis que l'Angleterre acquitta largement et à beaux deniers comptants la rançon de l'esclavage dans ses colonies. Dans l'intervalle entre l'abolition et le paiement, un grand nombre de propriétaires, pressés par le besoin, vendirent à vil prix leurs droits éventuels à des acquéreurs qui accaparèrent ainsi de nombreuses habitations. D'autres à leur tour, ne trouvant pas dans leur indemnité les moyens de faire cultiver les terres par des travailleurs salariés, se résignèrent à vendre. Quelques-uns prirent le même parti, faute de pouvoir se plier à des mœurs nouvelles. En un pays où l'épargne n'avait jamais accumulé les capitaux, un petit nombre d'habitants riches et avisés put ainsi arrondir facilement, et à des prix plus que modérés, ses domaines déjà vastes. Aux conseils de l'ambition la spéculation ne manque pas en pareil cas d'ajouter ses « aïeuls, qui démontrent que les frais généraux diminuent en raison de l'étendue des affaires. L'achat de toutes les terres enclavées, et d'autant de terres limitrophes qu'il s'en trouve à vendre, paraît une dépense habile que couvrira une bonne récolte. On s'agrandit ainsi jusqu'à l'étendue suffisante pour occuper huit cents et mille travailleurs, auxquels tient tête une seule usine.

Par une particularité qui lui est propre, la canne à sucre excite au plus haut degré ces tendances expansives, en ce qu'elle a besoin, pour prévenir la fermentation du jus de canne, toujours imminente après la coupe et qui en perdrait la valeur en sucre, d'un énergique et simultané déploiement de forces. Pour se les assurer, on ne craint pas d'engager pour une année entière les bras nécessaires après la coupe, quoiqu'ils soient en d'autres saisons moins indispensables. Le produit, obtenu à meilleur prix ou de meilleure qualité, semble absoudre un système profitable aux consommateurs mêmes.

Dans cette centralisation de plus en plus grossissante, tout s'explique aisément, sauf un seul point : comment le code civil, si funeste en France à la conservation des héritages, au dire de tous les publicistes, peut-il les protéger à La Réunion, même les agglomérer ? Comment se trouvent démenties les prévisions de la science et les leçons de l'expérience métropolitaine ? La clé de l'énigme se trouve dans l'article 817, qui autorise la licitation devant les tribunaux, quand les immeubles ne peuvent pas se partager commodément. C'est toujours, paraît-il, le cas à La Réunion par l'effet de l'alliance établie entre la culture et la fabrication. Un vaste établissement à la fois agricole et industriel serait déprécié par le morcellement : l'usine séparée des terres qui l'alimentent manquerait, pense-t-on, de stabilité. Aussi les experts concluent-ils uniformément à l'impossibilité du partage, et les tribunaux consacrent leur opinion. L'habitation subsiste donc intacte aux mains d'un nouvel acquéreur ; seulement la déchéance sociale et l'expatriation menacent les propriétaires qui reçoivent en argent le prix de leur patrimoine. Quelquefois, et c'est la meilleure chance, les enfants ne se partagent que les droits de propriété avec les revenus correspondants : des liens de cœur et d'intérêt les rattachent encore au pays ; mais à chaque nouvelle génération ces liens s'affaibliront par la subdivision même des parts héréditaires ; bientôt les propriétaires ne seront plus des habitants, ils seront des actionnaires. Des familles anciennes et considérées, jadis la force et l'honneur de la colonie, s'éloigneront pour toujours des habitations, laissant la place à des *géreurs*, âpres au gain et au commandement, qui gouvernent d'immenses domaines et des multitudes de prolétaires sans autre boussole que le plus grand bénéfice net à obtenir. La société coloniale ne sera plus qu'un atelier.

La forme primitive des lots de propriété n'est pas étrangère à ce résultat, et c'est un curieux exemple de l'action exercée par la configuration du sol sur la constitution économique d'un pays. La compagnie des Indes orientales, en concédant les terres qu'elle-même avait reçues de la munificence royale, les divisa en triangles dont la base s'appuyait sur la mer, dont les côtés remontaient, en se rapprochant, les pentes du cône montueux jusqu'au sommet. Par cette disposition, les concessions aboutissaient toutes au rivage, profitaient de la route de ceinture, communiquaient avec les villes. Les mêmes avantages ont maintenu pendant deux cents ans le même système, et partout où le partage s'est fait en nature, le sol a été morcelé en triangles ayant quelques mètres de front et plusieurs kilomètres de hauteur. Un jour arrive où l'agriculture y devient impossible, et le propriétaire ne peut décliner longtemps les offres de ses voisins, mieux assis sur le sol. Où s'arrêtera cette agglomération ? On ne lui entrevoit aucune limite, et déjà apparaît dans le lointain, comme une des chances de l'avenir, la fusion de la majorité d'abord, plus tard de la totalité des sucreries, en une compagnie à peu près souveraine qui fera la loi et aux populations et à l'état, car elle possédera toutes les bonnes terres de l'île. Les rivalités de personnes et de familles éloignent seules cette conclusion de deux siècles de travaux.

Il y a dans cet avènement de la grande industrie étendue à l'agriculture quelque chose de fatal qu'il est plus facile de déplorer que de conjurer. Dans la concurrence des producteurs, la victoire est du côté des gros capitaux comme des gros bataillons. En France, la Société centrale d'agriculture, la Société d'encouragement, après avoir proposé des prix pour l'introduction des sucreries dans les fermes, ont dû reconnaître que le problème résistait à toutes les tentatives. Pour de petites exploitations rurales, le matériel se trouvait trop cher, l'administration et la comptabilité trop complexes. La fabrication appelle la concentration des forces et la conseille même à la culture. À La Réunion toutefois, les obstacles que le sol, hérissé de blocs de lave, oppose à la mécanique agricole autorisent quelque espoir d'engrener la moyenne et la petite propriété dans les sucreries suivant la méthode qui se naturalise déjà dans les Antilles anglaises et françaises : ici des usines centrales se bornent à leur fonction industrielle et manipulent à prix débattu, ou moyennant partage en nature, les récoltes des planteurs du voisinage. Si les tribunaux voulaient favoriser ce système, ils ne consacreraient que l'indivisibilité de l'usine, laquelle se créerait une clientèle parmi les propriétaires du sol au moyen d'accords librement débattus ou préparés même, dans une certaine mesure, par la sentence judiciaire qui prescrirait le partage. Chaque lot de l'héritage fécondé par un travail plus intensif, devenant à son tour le centre d'une famille, acquerrait, aux colonies comme en Europe, une puissance de production et une valeur vénale qui rachèteraient les fâcheux effets du morcellement, et deviendrait inabordable aux maîtres des usines et des grandes habitations.

L'immigration est par elle-même un obstacle à l'application d'un autre remède bien plus efficace. Que les plantations, au lieu d'être livrées à des mains étrangères, fussent confiées aux races sédentaires, c'est-à-dire aux anciens affranchis ou aux petits créoles : les gens du pays, stimulés par toute sorte d'influences honnêtes, formeraient peu à peu une classe moyenne de chefs de travaux, de fermiers, de métayers, modestes propriétaires qui établiraient des liens entre le peuple noir et l'aristocratie blanche et maintiendraient une échelle graduée de fortunes territoriales : solution impossible avec des coolies, presque tous animés de l'esprit de retour ! Et s'ils restaient, la population indienne serait un jour maîtresse de l'île : c'est le sort qui menace Maurice !

Le gouvernement cherche ailleurs. Estimant que le prix de cession des contrats d'engagement, qui n'est autre chose que l'indemnité réclamée par les agents de l'importation humaine, a atteint des proportions inaccessibles à la moyenne et petite propriété, il s'est attribué le droit de le fixer lui-même. Il est vrai que cette indemnité avait successivement monté de 125 francs à 800 et 1,000 ; mais le remède n'est-il pas pire que le mal ? Cette nouvelle intervention de l'autorité dans le domaine des transactions individuelles achève de faire de la production presque une branche de l'administration publique. Ici d'ailleurs se présentent de graves objections : en voyant diminuer les bénéfices, les capitaines de navires qui recrutent et transportent les émigrants ne diminueront-ils pas eux-mêmes les avances qui attirent les Indiens ou les Africains ? La source ne baissera-t-elle pas ? À distance, cela paraîtrait fort probable : l'expérience prononcera. Quoi qu'il advienne, sur ce point encore l'immigration exerce une funeste pression. Elle seule, en important des travailleurs à grands frais, impose un remboursement au comptant et d'avance qui reste le privilège des grandes fortunes : avec la population sédentaire ralliée à la culture, ces frais n'existeraient pas, ils se répartiraient jour par jour sur un salaire plus élevé, amorce puissante pour le travail.

La faveur officielle semble s'attacher avec plus de raison à la multiplication des communes et des paroisses ; on assure ainsi de meilleures conditions à la vie collective, à l'éducation morale et religieuse, à l'état civil, à la police, à la viabilité, à tous les travaux publics. En détournant une partie des anciens affranchis de l'isolement qui les entraîne à l'oisiveté, ces créations préparent le noyau d'une population rurale. Elle s'occupera sans doute au début de plaisirs et de petit trafic plutôt que d'industrie et de culture, mais en elle à la longue s'éveilleront des besoins qui la pousseront au travail sérieux, et peut-être un jour verra-t-on ces vagabonds des hauts lieux descendre dans la plaine, comme journaliers d'abord, plus tard, à l'aide de l'épargne, comme fermiers ou propriétaires.

Les crises monétaires sont des malheurs d'un autre ordre, heureusement plus faciles à conjurer, car ils dérivent de règlements que la métropole a faits et qu'elle peut défaire. Dans le régime actuel, les produits principaux de l'île, le sucre, le café, la vanille, représentant les 99 centièmes de ses denrées d'exportation, ne peuvent être expédiés qu'en France, d'où la colonie reçoit en retour une partie notable de ses importations, non la totalité. Le reste de ses approvisionnements, qu'elle est autorisée à faire à l'étranger, à des conditions fort onéreuses du reste, ne pouvant être payés en marchandises, ni en traites d'un placement difficile, elle l'acquitte en numéraire. Une telle condition est en désaccord avec toutes les lois économiques et naturelles ; elle appauvrit sans cesse le pays de monnaie métallique et crée des embarras fréquemment renouvelés pour toutes les transactions. En vain des analyses de galets ou de sables aurifères que la mer rejette sur le rivage promettent qu'un jour La Réunion, comme depuis dix ans la Californie et l'Australie, acquittera sa dette commerciale en métaux précieux : cette nouvelle source de richesses, redoutée d'ailleurs par beaucoup d'esprits comme une future cause de perturbation, ne s'annonce encore que par des essais chimiques et industriels, et il faut à des besoins urgents des expédients plus immédiats. Après bien des théories qui n'ont pas abouti, l'on a réclamé et obtenu l'intervention du Comptoir d'escompte de Paris pour qu'il installât à La Réunion et à Maurice une agence chargée de fournir des espèces ou des traites sur Bombay, Madras et Calcutta, les principaux centres d'affaires à l'étranger pour le commerce de Bourbon. Ce secours ne s'annonçant que comme transitoire, étant sans doute d'ailleurs quelque peu cher, on poursuit, en vue d'un résultat analogue, des changements aux statuts de la banque locale, on demande la création d'une bourse, on élabore un projet de société entre capitalistes et habitants ; on appelle surtout des réformes dans le régime commercial, et par là seulement on entre dans le vif de la question.

Organe des vœux et des intérêts de la colonie et devançant à cet égard le programme impérial, la chambre d'agriculture de La Réunion a réclamé le dégrèvement du sucre des colonies, et particulièrement la suppression de la surtaxe sur les sucres de qualité supérieure au premier type ; elle a sollicité en outre la liberté d'exporter à l'étranger les produits du sol avec la faculté correspondante d'importer les produits étrangers en franchise ou sous des taxes plus modérées qu'aujourd'hui. La Réunion possède autour d'elle des marchés où elle trouverait facilement à verser ses richesses, le Cap, l'Australie, pays à l'état naissant, où fermente l'ardeur de la jeunesse dans une fièvre continue de production et de consommation ; mais par une inconséquence qu'inspire peut-être moins la conviction que la tactique, la chambre de Saint-Denis se range à l'avis des grands ports de France qui voudraient réserver au pavillon français le monopole absolu des transports à l'étranger. Le privilège serait exorbitant et funeste à la colonie, qui dès aujourd'hui se plaint justement que l'insuffisance et la cherté de la navigation nationale contribuent aux souffrances alimentaires de l'île. Des droits différentiels protégeront nos armateurs dans la mesure qui peut être utile. Quelque libéralité ne saurait inspirer d'inquiétudes à qui considère que notre marine supporte à Gorée la rivalité de toutes les autres, et qu'elle prend d'année en année une part plus considérable aux importations de Maurice en concurrence avec la marine anglaise.

En attendant une réforme générale qui sera une révolution bienfaisante dans le système colonial de la France, La Réunion insiste avec énergie sur deux- modifications urgentes : premièrement, la franchise d'entrée de la vanille dans la métropole par navires étrangers et par la voie de Suez, tant qu'il n'y aura point de navigation française sur la Mer-Rouge ; en second lieu, la libre admission du guano aussi par navires étrangers, les seuls qui trouvent du bénéfice à l'importer aux conditions onéreuses imposées par la compagnie anglaise qui représente à Londres le gouvernement du Pérou. Peu rassurés sur la bonne volonté de la compagnie, justement méfiants du monopole, quelques propriétaires de La Réunion, parmi les plus intelligents, songent à remplacer le guano par les débris animaux que laisse perdre la pêche de la morue dans nos colonies de Saint-Pierre et Miquelon, et même par des masses de harengs et de capelans qui peuvent se récolter par bancs épais dans les eaux de Terre-Neuve.

L'absentéisme résume et complète la série des malheurs économiques de La Réunion. Sur ce point encore, la critique a l'heureuse chance d'avoir été devancée par la franchise du gouverneur actuel. « Les grands propriétaires, a-t-il dit dans une circonstance solennelle, vont en Europe jouir de leur fortune, y dépenser leurs revenus, qui devaient appartenir au sol natal. On oublie ainsi le charme des lieux où l'on a passé ses premières années ; on néglige l'embellissement de sa demeure ; lorsqu'on y revient, ce n'est pas pour lui demander des jouissances, mais pour y puiser de l'or et des produits… On ne peut pas quelquefois y recevoir un ami, à plus forte raison y jouir de l'agrément de la société et de la campagne : l'antique hospitalité créole oublie ses traditions, la société se dissout… Que les habitants les mieux partagés de cette île, qui est elle-même peut-être la plus fortunée du globe, consentent à y vivre d'une vie large qui sera pour eux une source de bonheur plus vrai que cette vie de plaisirs qu'ils vont chercher en France, et dont on ne tire que trop souvent la ruine ou au moins de cruels embarras ! »

Dans les colonies, il est juste de le reconnaître, l'esprit de retour vers le pays d'origine, le désir de montrer une fortune conquise au loin, celui de respirer l'air d'un plus large horizon, ont entretenu de tout temps un courant d'expatriation, et l'on n'aurait pas à s'en alarmer, s'il n'eût doublé d'intensité depuis l'émancipation qui a troublé les habitudes seigneuriales des uns, patriarcales des autres, diminué la fortune et l'éclat de l'existence chez tous ceux qui n'ont pu ou su la faire tourner à leur profit. À juste titre, on lui impute une part dans l'appauvrissement moral, intellectuel et financier des colonies. On n'y peut entrevoir d'autre remède direct qu'un contre-courant opposé qui fasse affluer vers elles les capitaux et les esprits d'Europe en quête de brillantes et solides spéculations. Comme cause indirecte de l'absentéisme, il faut tenir compte de l'effacement trop complet où les représentants de l'état tiennent les individualités locales. Au cœur humain ne suffisent ni les joies isolées de la famille, ni les agréments d'une petite société de parents et d'amis ; assez vite il se lasse des plaisirs champêtres, même des satisfactions de l'amour-propre ; aux yeux des femmes, les délices d'un merveilleux climat pâlissent à la longue devant les splendeurs de Paris. Ainsi se développent des aspirations auxquelles devrait répondre un plus libre essor dans l'existence coloniale, que la métropole, bien plus que la nature, comprime aujourd'hui. Plus de conseil supérieur comme dans l'ancien régime, ni d'assemblée coloniale comme sous la révolution, ni de conseil colonial comme sous la restauration et le gouvernement de juillet ; un simple conseil-général tenant une session de quinze jours, un conseil privé où les fonctionnaires sont en majorité, les divers services publics en majorité aussi composés de Français venus de la métropole, aucune illusion de *self-government* : ce n'est point assez pour maintenir le patriotisme local qui s'attache à un pays en raison même des services qu'on peut lui rendre, de l'autorité morale que l'on peut y acquérir dans un rôle influent. Chez nous, le gouvernement plane et pèse sur tout, domine tout. Plus le royaume est petit et la population faible, plus le lien, sinon le joug, se fait sentir. L'indépendance personnelle, que la féodalité avait exagérée, mais qui n'en reste pas moins le vrai caractère des grandes existences territoriales, serait la meilleure compensation au prestige qui manque à une scène trop étroite : où elle fait défaut, le calcul des jouissances prend le dessus, et il n'invite pas, quoi qu'on en dise, l'homme de talent et de fortune à végéter dans un coin perdu du globe. À cet égard, Paris n'a pas de comparaison à redouter. Une fois sur la pente, l'histoire de l'empire romain recommence : le luxe et les vices de Rome boivent les sueurs de toutes les provinces.

Si jamais le gouvernement français tient à honneur d'écarter cette analogie, il devra remanier toutes les institutions coloniales de la base au sommet. La réforme est aisée à tracer : organiser les municipalités sur la base élective, et si le suffrage universel ne paraît pas aussi infaillible au loin que de près, rétablir des conditions de cens, de domicile, de capacité, au besoin même le suffrage à deux degrés : toutes les dérogations partielles au principe seront moins graves que la confiscation absolue d'aujourd'hui. Les conseils-généraux seront institués sur une base pareille, avec une durée suffisante pour qu'ils ne fassent pas regretter les conseils et les assemblées d'autrefois. La représentation de l'agriculture obtiendra la permanence comme celle du commerce. La délégation, émanée aujourd'hui du conseil-général, sortira d'une élection plus large, et sera dotée d'attributions plus sérieuses qu'un simple avis à donner au ministre, quand il lui plaît de le demander. Les colonies regrettent toutes le droit dont elles ont joui, quelques années après 1789 et en 1848, d'envoyer des députés au corps législatif, autant pour y avoir des défenseurs compétents de leurs intérêts que comme témoignage d'adoption par la métropole. C'est un droit à leur rendre. Ranimées par la vie politique et administrative, elles offriraient un champ d'activité aux intelligences et aux légitimes ambitions, au lieu de déchoir de plus en plus, sous l'étreinte de la centralisation, au rang de simples comptoirs ou de fermes.

Ainsi mise en possession de toutes ses forces matérielles et morales, La Réunion subviendra-t-elle, en état de paix, à ses besoins, et pourra-t-elle, en cas de guerre, résister à un ennemi ? ou devra-t-elle faire appel à la métropole, et dans quelle mesure ? Est-elle une charge, est-elle un bénéfice pour la France ? A ces dernières et capitales questions, qui surgissent à propos de toute colonie, La Réunion est une de celles qui ont à faire la réponse la plus satisfaisante.

Le budget colonial, composé de toutes les recettes locales, monte à 5 millions environ, et suffit à toutes les dépenses mises à la charge de la colonie. Il ne reste au compte de l'état que celles afférentes à la souveraineté et à l'administration politique : elles montent à 3 millions au plus. Pour s'en couvrir, l'état grève les produits de la colonie, à leur entrée en France, de taxes qui, en 1858, ont rapporté au trésor plus de 23 millions. Reste un bénéfice net de 20 millions.

La situation militaire n'est pas tout à fait aussi belle. Comme il n'est pas de ville ou de département qui résistât sans secours à une agression prolongée, La Réunion ne fait pas exception à la loi commune. Que l'on ne croie pas néanmoins, comme on y incline trop en France, qu'il suffirait d'un coup de canon pour la réduire. Au XVIIIe siècle, pendant les guerres avec l'Angleterre dont la mer des Indes fut le théâtre, Bourbon ne tomba jamais au pouvoir de l'ennemi. Durant la révolution, livrée à ses propres forces, non-seulement elle préserva de toute injure le drapeau français, mais ses corsaires se firent redouter du commerce anglais. Au fameux nabab de

Mysore, Tippo-Saïb, qui rechercha son alliance, elle envoya des secours. En 1810, il fallut pour la réduire une armée de six mille hommes montés sur plus de quatre-vingts bâtiments, à laquelle on ne put opposer, outre la milice, que quelques centaines de soldats, seule garnison que le gouvernement métropolitain y eût laissée. Le périlleux accès des rivages, si fâcheux en temps de paix, est pour la guerre un auxiliaire qui n'a besoin que d'être soutenu par quelque défense pour opposer à toute invasion une longue résistance. Avec quelques fortifications complétées par le télégraphe électrique qui avertirait de tous les mouvements, avec un chemin de fer qui transporterait rapidement les troupes sur le point menacé, l'île défierait longtemps l'ennemi, qui ne pourrait maintenir, sous une mer toujours tempétueuse, un blocus prolongé. Toutefois, et ceci est un nouveau grief contre l'immigration, un prompt et grave embarras peut venir de la présence d'une population étrangère, qui ne consomme que des vivres étrangers, masse inerte, sinon dangereuse, qui n'apporterait aucune force à la population sédentaire.

Celle-ci ne se prête pas facilement, assure-t-on, à une organisation militaire, toujours à cause de cette fatale différence des races, venin qui corrompt toute la sève sociale. Le problème, pour être difficile, serait-il insoluble ? A-t-on fait de sérieuses tentatives ? Le patriotisme créole a-t-il épuisé ses efforts et ses concessions ? N'y a-t-il pas plus d'ennui et de méfiance que de péril réel ? Armer en bloc tout le inonde serait dangereux aux colonies comme en Europe ; mais ne dresser personne, pas même l'élite des populations de couleur, aux devoirs de la police armée et de la défense du pays, cela nous semble entretenir l'éternelle minorité du peuple. En tout pays, la milice, à défaut d'une garnison régulière et permanente, fournit une des meilleures occasions de rapprocher les rangs et de réveiller, par une hiérarchie d'honneurs et de droits, l'émulation des classes à qui manquent d'autres issues. L'histoire contemporaine du Sénégal, celle de Bourbon pendant la période révolutionnaire, montrent les blancs conservant sur les noirs, embrigadés et disciplinés, toute l'autorité morale et légale. C'est avec raison qu'un récent décret, renouant cette tradition, institue des corps de troupes coloniales.

C'est une colonie d'une admirable vitalité, pouvons-nous dire en terminant, que celle qui verse tous les ans 20 millions au trésor de la France, qui voit une autre part de ses revenus consommée au loin par les propriétaires du sol, une troisième part, plus grande encore, emportée dans l'Inde par des bandes de travailleurs engagés, et qui résiste néanmoins, la tête haute et ferme, à cette triple cause d'épuisement. Les ouragans, le choléra, le contre-coup des crises européennes, ses propres embarras pécuniaires, sa faiblesse et son isolement, les rigueurs du pacte colonial, l'attristent sans l'ébranler. Joyau de la couronne, elle reçoit et reflète, dans les déserts de l'Océan-Indien, un rayon de la gloire française, car c'est à la France que revient tout l'honneur de la brillante carrière qu'elle a parcourue. Sa valeur ne fut pas même soupçonnée par les Portugais, qui, l'ayant découverte, la dédaignèrent. Les Anglais n'y ont rien fait pendant leur courte occupation de 1810 à 1815. Sauf cet intervalle, le pavillon français y a flotté sans interruption depuis l'avènement de Louis XIV. Effacée au second rang, tant qu'elle fut subordonnée à Madagascar, à Pondichéry ou à Maurice, elle a vu grandir son rôle en ne s'appuyant plus que sur elle-même. Aujourd'hui elle aspire à un nouveau développement de ses destinées ; elle veut devenir en quelque sorte métropole à son tour. On comprend mieux ce qu'a de légitime une telle ambition en présence de l'activité nouvelle dont les continents et les îles que baigne l'Océan-Indien peuvent devenir le théâtre, si la voie commerciale de l'Égypte et de Suez reprend un jour son antique importance. Dans cet immense bassin, dont le cadre touche à l'Afrique, à l'Asie et à l'Australie, La Réunion se sent appelée à soutenir l'expansion pacifique de la France, à exercer une haute tutelle sur la régénération de l'Afrique orientale, et particulièrement à prendre en main les rênes d'une colonisation nouvelle. De ses rivages, la pensée de ses habitants plane, avec une préoccupation constante, sur Madagascar, où le vent porte leurs navires. Ils brûlent du désir d'y reprendre l'œuvre interrompue de leurs pères. Dût un jour la grande île, comme une planète puissante qui attire ses satellites, entraîner la petite île dans l'orbite de sa prospérité, les créoles de Bourbon en acceptent le présage, à la condition d'être eux-mêmes les moteurs de l'évolution nouvelle. L'avenir leur donnera-t-il raison ? Ce qui suffit pour le moment, c'est que La Réunion ait lieu de s'applaudir de son développement, même dans les limites où il s'accomplit.

Chapitre III [3]
L'île de la Réunion et la question coloniale

On n'a pas encore oublié l'impression produite, il y a un peu plus de quinze jours, par l'annonce des événements qui venaient d'ensanglanter la ville de Saint-Denis, chef-lieu de notre colonie de la Réunion. Ce fut d'abord de l'incrédulité, puis une douloureuse surprise, lorsque de nouveaux renseignements vinrent confirmer et compléter les nouvelles transmises par le télégraphe. L'île de la Réunion passait à juste titre pour la plus paisible de nos colonies et la plus facile à gouverner. La douceur des mœurs de ses habitants était proverbiale. En 1848, l'abolition de l'esclavage s'y était accomplie sans qu'une goutte de sang eût coulé, sans que l'ordre public, la sécurité des personnes et le respect des propriétés eussent reçu la plus légère atteinte. Comment s'expliquer que, vingt ans après une crise si décisive et si heureusement traversée, l'esprit de la colonie se trouvât changé du tout au tout ? Comment s'expliquer que le peuple le plus doux de la terre en fût venu à se livrer dans la rue, pendant plusieurs

---

[3] Par Edouard Hervé.

jours de suite, à des manifestations tumultueuses ? Comment s'expliquer que ces manifestations eussent pris aux yeux de l'autorité un caractère assez alarmant pour qu'elle eût cru devoir y répondre par une fusillade meurtrière ? A qui fallait-il faire remonter la responsabilité de ces déplorables événements ? Aux hommes ou aux institutions ? au pouvoir ou à l'opposition ? à l'administration ou aux administrés ?

Telles sont les questions que tout le monde s'est posées et auxquelles nous allons essayer de répondre. Nous ne nous bornerons donc pas à raconter les événements des 29 et 30 novembre, et des 1er et 2 décembre 1868. Nous essaierons d'en rechercher les causes dans le passé de la colonie, dans ses institutions et dans son histoire. Pour cela, il faut nous reporter à vingt ans en arrière, au lendemain même de la révolution de 1848 et de l'abolition de l'esclavage.

I

Lorsque survint pour les colonies françaises la crise de 1848, l'île de la Réunion se trouvait dans des conditions assez favorables pour la supporter. Depuis quinze ans, elle avait reçu le bienfait d'une constitution relativement libérale, et elle avait su en profiter. La loi du 24 avril 1833, complétée par l'ordonnance royale du 22 août de la même année, lui avait donné, sous le nom de conseil colonial, une assemblée élective. L'année suivante, le principe de l'élection avait été étendu aux conseils municipaux. Dans la colonie comme dans la métropole, le cens, à cette époque, était la condition du droit de suffrage. Les conseils municipaux avaient les mêmes attributions que ceux de la métropole. Le conseil colonial votait les budgets coloniaux et surveillait la marche de l'administration, confiée alors, comme aujourd'hui, à un gouverneur assisté d'un conseil privé dans lequel siégeaient, à côté des chefs de service, quelques notables habitants du pays. La population, par l'élection des membres du conseil colonial et des conseils municipaux, prenait donc une certaine part à la gestion des affaires locales. Il lui manquait de prendre part à la gestion des affaires générales de l'état. L'île de la Réunion, comme les autres colonies, n'envoyait pas de députés à la chambre. La création d'une représentation des colonies dans les conseils de la métropole devait être la conséquence et comme le prix de l'abolition de l'esclavage.

Sous le système que nous venons d'esquisser, l'administration de la colonie fut plus prudente que hardie, plus amie de la conservation que du progrès, mais en somme sage et modérée. Les finances étaient conduites avec économie. La situation budgétaire était satisfaisante, bien que l'île produisît dans ses meilleures années à peine ce qu'elle produit aujourd'hui dans ses années de détresse. Tout en combattant l'abolition de l'esclavage, projetée dès lors par la métropole, la population blanche sentait bien que cette réforme était inévitable, et que tout au plus on pouvait espérer de la retarder quelque temps. On s'y préparait donc, soit par des affranchissements partiels, soit par de louables efforts pour donner aux nègres esclaves les premiers éléments de l'instruction primaire et de l'éducation religieuse. L'esclavage d'ailleurs avait toujours été moins rude à la Réunion que partout ailleurs. Les haines de caste y étaient moins vivaces. De jour en jour, elles allaient s'affaiblissant. Déjà la classe intermédiaire des mulâtres tenait une place importante dans la colonie. Il y avait des mulâtres dans le conseil colonial ; il y en eut parfois dans le conseil privé. Dans le collège royal de Saint-Denis, des fils de mulâtres et même des fils de nègres affranchis étudiaient à côté des fils de blancs. La fusion ou du moins le rapprochement s'opérait ainsi peu à peu. Enfin (et c'était là peut-être le résultat le plus précieux de l'organisation coloniale d'alors) des habitudes de discussion et d'examen s'établissaient.

Un véritable esprit public se formait. La presse malheureusement était soumise au pouvoir arbitraire de la censure ; mais les mœurs, plus fortes que les lois, avaient créé une liberté de fait avec laquelle il fallait compter.

Cette éducation politique avait préparé la population de la Réunion à envisager sans trop d'effroi la situation nouvelle qui allait être faite aux colonies par la proclamation de la république et par l'abolition de l'esclavage. Le premier moment de surprise une fois passé, on se mit en mesure de faire face aux événements. Ce fut une circonstance favorable à cette époque que la difficulté et la lenteur des communications avec la métropole. Lorsque le commissaire-général de la république, M. Sarda-Garriga, arriva dans l'île, de longs mois s'étaient déjà écoulés depuis la révolution de février. Les événements avaient marché en Europe. M. Sarda-Garriga, dans le cours de son voyage, avait pu recevoir des nouvelles de nature à modifier un peu certaines de ses idées. Les colons d'autre part avaient eu le temps d'examiner de sang-froid leur situation. Des deux côtés, on se montra donc sage et conciliant. Le commissaire de la république prit toutes les mesures nécessaires pour que la substitution du travail libre au travail esclave s'accomplît sans secousse. Les colons évitèrent d'aggraver par leur mauvais vouloir et leurs résistances les difficultés de cette grave révolution sociale. Vers la fin de l'année 1848, l'abolition de l'esclavage à la Réunion était devenu un fait accompli sans que l'on eût eu aucun malheur à déplorer.

Une partie des anciens esclaves avaient consenti à s'engager comme travailleurs libres pour continuer la culture de la canne à sucre. Le voisinage de l'Inde et de la côte orientale d'Afrique permit de recruter sur ces deux points un certain nombre de bras. Le produit de l'indemnité, accordée aux anciens propriétaires d'esclaves leur servit soit à éteindre leurs dettes hypothécaires, soit à perfectionner leur outillage, soit à se procurer des engrais. Bref on essaya par tous les moyens possibles de réparer les brèches que l'abolition de l'esclavage avait pu faire à la fortune, de la colonie. Cette sage et patriotique conduite fut récompensée. A la crise passagère de 1848 succéda, une période de prospérité qui coïncida avec l'administration de M. Hubert Delisle. M. Delisle, un des rares gouverneurs civils que la colonie ait possédés depuis de longues, années, avait été envoyé à la Réunion au commencement de 1852. L'état de sa santé le força de rentrer en France en 1858. C'est alors qu'il fut nommé sénateur. En arrivant dans la colonie, il y avait déjà trouvé des germes de prospérité qui se développèrent sous son administration. La production annuelle du sucre, qui ne dépassait pas en moyenne 25 millions de kilogrammes à la veille de la révolution de 1848, atteignit 29 millions de kilogrammes dès 1852. En 1853, elle était de 33 millions ; en 1854 de 39 millions ; en 1855 et 1856, elle arrivait à 56 millions ; enfin un peu plus tard elle atteignait 60 millions de kilogrammes, et dépassait même un instant ce chiffre. Dès cette époque cependant, un observateur attentif aurait pu découvrir, au milieu même de la prospérité dont jouissait la colonie, quelques-unes des causes dont l'action allait bientôt mettre un terme à cette prospérité. Des fautes avaient été commises par les colons, par le gouvernement métropolitain, par l'administration coloniale. Ces fautes pouvaient encore être réparées. Loin de là, elles ne firent que s'aggraver et se multiplier sous les deux administrations de M. le capitaine de vaisseau Darricau et de M. le contre-amiral Dupré.

Les colons n'avaient eu qu'un tort, un tort grave, il faut bien le dire. Ils avaient trop cru à la prospérité de l'île. Ils avaient considéré deux ou trois récoltes exceptionnelles comme des récoltes normales. Les fortunes rapides faites par quelques propriétaires avaient tourné toutes les têtes. Chacun comptait s'enrichir en cinq ou six ans. On achetait toutes les propriétés qui se trouvaient à vendre ; on achetait à n'importe quel prix ; on achetait en payant un à-compte relativement minime, et en comptant sur les récoltes pour payer le surplus du prix d'achat. Survinrent de mauvaises années. La terre était épuisée par l'abus des engrais et par une production exagérée. Ou lui avait demandé plus qu'elle ne pouvait donner : elle ne voulut même plus donner ce qu'on était peut-être en droit de lui demander. Une maladie se jeta sur les cannes à sucre. Des coups de vent arrivèrent par là-dessus. L'ouragan acheva l'œuvre de la maladie. Les récoltes furent réduites de près de moitié. Les habitants qui avaient acquis des propriétés à un prix exagéré se trouvèrent hors d'état de faire face à leurs engagements. Leur ruine entraîna celle des négociants et des agents de change auprès desquels ils avaient trouvé du crédit. La place de Saint-Denis presque tout entière croula. D'anciennes maisons d'une honorabilité reconnue, d'une solvabilité jusque-là intacte, suspendirent leurs paiements. Le contre-coup de ces désastres se fit sentir jusqu'en France, sur les places avec lesquelles l'île de la Réunion était en relation, et notamment sur la place de Nantes.

Les fautes des colons toutefois n'avaient que des conséquences limitées et temporaires. Il suffisait qu'une nouvelle couche de propriétaires et de négociants vînt remplacer celle qui avait été submergée par la crise ; il suffisait que le travail et l'économie vinssent réparer les maux causés par l'esprit de spéculation et d'aventure, et la colonie pouvait revoir des jours prospères. C'était une liquidation à faire, rien de plus. Les fautes du gouvernement métropolitain et de l'administration locale avaient une bien autre portée, ainsi qu'on va le voir. Le gouvernement métropolitain fut le premier, le grand coupable. L'expérience de 1848 devait lui démontrer que les colonies, surtout l'île de la Réunion, étaient mûres pour le *self-government*. Loin de restreindre leurs libertés, il devait les étendre. C'est ce que la république avait d'abord paru vouloir faire en appelant les colons à envoyer des députés à l'assemblée nationale ; mais en même temps, par une inspiration malheureuse, on supprimait les conseils coloniaux. On retirait donc aux colonies leur représentation locale au moment même où on leur accordait une place dans la représentation métropolitaine. On se proposait sans doute de remplacer les conseils coloniaux par des assemblées nouvelles, fondées sur la large base du suffrage universel. Toutefois il aurait été sage d'attendre la constitution de ces nouvelles assemblées avant de supprimer les anciennes. Il n'est jamais prudent de détruire sans réédifier. Bientôt le pouvoir changea de mains. D'autres hommes survinrent, et avec eux d'autres doctrines.

On retira aux colonies les députés que la république leur avait donnés, et on ne leur rendit pas les conseils coloniaux que la république leur avait enlevés. Pour remplacer ces assemblées, on créa des conseils-généraux non électifs. L'organisation en fut réglée par le sénatus-consulte du 3 mai 1854. Quant aux députés coloniaux, ils avaient été supprimés en 1852.

Le sénatus-consulte de 1854 est resté jusqu'à ce jour la charte de nos colonies de la Réunion, de la Martinique et de la Guadeloupe. Il a été modifié, il est vrai, par le sénatus-consulte du 4 juillet 1866, mais seulement en ce qui concerne les attributions des conseils-généraux. Les dispositions du sénatus-consulte de 1854 restent complètement en vigueur en ce qui concerne le mode de nomination de ces assemblées. Or ces dispositions sont bien simples. Elles tiennent en une ligne : « Article 12. — Le conseil-général est nommé, moitié par le gouverneur, moitié par les conseils municipaux. » Et les conseils municipaux, par qui sont-ils nommés ? La réponse à cette question se trouve dans l'article 11 : « Les maires, adjoints et conseillers municipaux sont nommés par le gouverneur. » Ainsi le gouverneur, dans chaque colonie, est un véritable grand-électeur. Il nomme directement les conseils municipaux ; il nomme directement encore la moitié du conseil-général et indirectement l'autre moitié de ce même conseil. C'est donc l'administration qui choisit elle-même ceux qui sont chargés de contrôler et de limiter son pouvoir. Elle doit naturellement essayer de trouver en eux l'image de sa propre pensée et l'écho de ses propres désirs. Tel est le système qui régit depuis quinze ans nos trois colonies les plus importantes. Examinons maintenant comment ce système a été appliqué à l'île de la Réunion. C'est ici que nous allons voir les fautes de l'administration locale compléter celles du gouvernement métropolitain. Ces fautes, disons-le tout de suite, étaient presque inévitables. Un faux système ne peut amener que des résultats fâcheux. « On reconnaît la bonté de l'arbre aux fruits qu'il porte, » disait l'empereur dans une circonstance récente. Les fruits du sénatus-consulte de 1854 pour l'île de la Réunion, les voici.

L'administration, ainsi que nous l'avons vu, est appelée à nommer les maires, les adjoints et les conseillers municipaux. Elle est également appelée à nommer directement la moitié du conseil-général et indirectement l'autre moitié. Elle commence par le choix des maires : c'est là-dessus que pivote l'application de tout le système. Il y a dans l'île quatorze communes. On nomme d'abord les quatorze maires, et on laisse à chacun d'eux le soin de présenter la liste de son futur conseil municipal.

L'administration naturellement, lorsqu'elle procède à la domination d'un maire, choisit de préférence un homme dévoué ; le maire à son tour désigne comme conseillers municipaux des hommes sur lesquels il croit pouvoir compter. En effet, à peine le conseil municipal est-il formé, qu'il s'empresse d'accorder au maire des frais de représentation qui, pour quelques-uns d'entre eux, équivalent à de véritables appointerons. Sur les quatorze communes de l'île, treize ont ainsi voté des frais de représentation dont le total dépasse 70,000 francs par an. La quatorzième commune, celle de Sainte-Marie, aurait suivi l'exemple donné par les autres, si le maire, M. Benjamin Vergoz, un des hommes les plus respectables de la colonie, n'avait refusé toute espèce d'indemnité. Parmi les maires qui ont consenti à recevoir des frais de représentation, il en est, nous devons le dire, qui ne touchent qu'une somme insignifiante. Le maire de telle commune, par exemple, qui est fort riche, reçoit une indemnité de 1,500 fr. : c'est une somme sans importance pour lui ; mais tous les maires ne sont pas dans cette situation, tant s'en faut. Plusieurs d'entre eux sont plus ou moins gênés dans leurs affaires. Pour ceux-là, l'indemnité ou, pour mieux dire, le traitement de maire est presque indispensable, et ce traitement n'est pas toujours insignifiant. Le maire de Saint-Denis touche 15,000 fr. par an, celui de

Saint-Pierre 12,800 francs, celui de Saint-Louis 9,000 francs. D'autres touchent 6,000 francs, 4,000 francs, 2,500 francs. Aucun de ces maires, sauf celui de Saint-Denis, ne dépense quoi que ce soit en frais de représentation. Les mots d'appointerons et de traitements que nous avons employés tout à l'heure sont donc rigoureusement exacts. Quant aux chiffres que nous venons de donner, ils remontent à six mois. Ils ont pu subir depuis quelques légères modifications ; mais la situation dans son ensemble est certainement restée la même.

Les maires de l'île de la Réunion, sauf M. Vergoz et un ou deux autres que l'on pourrait citer, sont donc de véritables fonctionnaires salariés, des fonctionnaires qui ont besoin de leur traitement, des fonctionnaires perpétuellement révocables, des fonctionnaires dépendant doublement de l'administration, puisqu'elle les nomme et puisqu'elle nomme aussi les conseils municipaux qui leur votent leur traitement. Ce sont cependant ces fonctionnaires qui vont former le noyau du conseil-général chargé de voter le budget colonial et de contrôler la marche de l'administration. Quand un conseil municipal paraît suffisamment dévoué, on lui laisse le soin d'envoyer son maire siéger dans le conseil-général. Là où la chose souffrirait quelques difficultés, le gouverneur choisit lui-même le maire comme conseillergénéral, en vertu du droit qui lui appartient de nommer directement la moitié des membres de cette assemblée. Neuf maires siègent ainsi dans le conseil-général de la Réunion, trois par le choix direct du gouverneur, six comme élus par les conseils municipaux. L'un d'entre eux est président du conseil-général, et jouit à ce titre d'une influence considérable sur ses collègues. A ces neuf maires, il faut ajouter au moins cinq ou six membres du conseil qui, à des titres divers et pour des sommes plus ou moins considérables, sont parties prenantes au budget colonial. Nous pourrions citer des noms et des chiffres. On nous dispensera de le faire. Qu'il nous suffise de dire que sur les vingt-quatre membres dont se compose le conseil, les deux tiers environ, soit quinze ou seize membres, dépendent plus ou moins de l'administration, et touchent, soit sur le budget colonial, soit sur les budgets municipaux, de véritables traitements déguisés sous le nom d'indemnités.

Nous ne voulons pas mettre en suspicion l'intégrité et l'honorabilité des membres du conseil-général de la Réunion. Plusieurs d'entre eux ont donné, nous le savons, des preuves d'indépendance dont on doit les louer d'autant plus que leur situation était plus délicate ; mais on conviendra bien qu'une assemblée ainsi composée n'a peut-être pas toute l'autorité nécessaire pour résister à l'administration dont elle dépend à tant de titres. Il faudrait que tous ceux qui la composent fussent des héros, et l'on ne peut pas fonder un système de gouvernement sur l'héroïsme présumé de ceux qui sont chargés de l'appliquer. En fait, l'administration de la colonie, sauf dans quelques rares occasions, a obtenu du conseil-général tout ce qu'elle a voulu, surtout depuis que les membres les plus considérables et les plus indépendants de cette assemblée s'en sont volontairement retirés, découragés par l'impuissance de leurs efforts et par l'inutilité de leur tâche. En fait, l'administration a conduit à son gré les affaires de l'île, et nous regrettons de dire qu'elle ne les a ni sagement ni heureusement conduites.

Les administrations auxquelles on laisse leurs coudées franches ne sont pas ordinairement très économes, surtout dans le temps où nous vivons. Celle de la Réunion a été particulièrement prodigue. La colonie avait autrefois une caisse de réserve qui s'emplissait dans les années de prospérité pour se vider dans les années de détresse. C'était une institution non-seulement utile, mais indispensable, dans un pays où toute la richesse repose sur une seule denrée, le sucre, dont la production, d'une année à l'autre, peut varier dans des proportions considérables. Sous le régime du sénatus-consulte de 1854, la caisse de réserve se vida dans les années de prospérité, et naturellement ne se remplit pas dans les années de détresse. De nouvelles maximes financières s'étaient introduites dans la colonie. On avait posé en principe qu'il ne fallait laisser aucune recette sans emploi, et en effet on les employait toutes. A défaut de dépenses offrant un caractère de nécessité bu seulement d'utilité, on avait recours aux dépenses de luxe. On multiplia les employés dans tous les services. La rentrée des impôts était autrefois entre les mains d'un trésorier et de quelques percepteurs ; tout ce service coûtait à peine 50,000 francs par an. On créa un receveur-général et des receveurs-particuliers ; le même service coûte aujourd'hui bien près de 200,000 francs. On acheta une maison de campagne pour lé gouverneur, une maison de ville pour le directeur de l'intérieur. Enfin on consacrait une part relativement considérable du budget colonial, soit à accroître la splendeur du culte plus que ne le comportaient les ressources de la colonie, soit à subventionner des établissements offrant un caractère plus ou moins religieux.

Nous touchons ici au point le plus délicat de notre sujet. Nous avons à expliquer comment la question politique, administrative et financière qui s'agite à la Réunion est venue se compliquer d'une question religieuse, si l'on veut l'appeler de ce nom. Nous avons à expliquer comment le clergé de cette colonie, et particulièrement le clergé régulier, s'est trouvé associé à l'impopularité qui pesait sur l'administration, à ce point que les derniers événements ont paru dirigés bien moins encore contre l'administration que contre le clergé et le parti sur lequel il s'appuyait. Au lendemain de la révolution de 1848, on crut nécessaire d'établir des évêchés à l'île de la Réunion, à la Martinique et à la Guadeloupe. Jusque-là des préfets apostoliques ayant juridiction d'évêque avaient suffi aux besoins religieux de ces colonies. Ils pouvaient y suffire encore ; mais on était mû par un sentiment généreux : on songeait à l'éducation religieuse des milliers de nègres qui venaient d'être appelés à la liberté. On ne réfléchissait pas que cette éducation aurait pu se faire tout aussi bien et à moins de frais, si l'on s'était borné à envoyer dans chacune des trois colonies quelques prêtres de renfort placés sous les ordres du préfet apostolique.

Le premier évêque nommé à l'île de la Réunion, en 1850, fut M. Florian Desprez. Ce choix n'était peut-être pas très heureux. M. Desprez est devenu depuis archevêque de Toulouse et a montré qu'il réussissait mieux à exciter les passions qu'à les calmer. Son arrivée à la Réunion ouvrit pour cette colonie une période de discussions et d'agitations religieuses. Il y eut bientôt dans l'île un parti de l'évêque et naturellement aussi un parti hostile à l'évêque. On n'a pas oublié ce qui se passait en France à cette époque. Le clergé était allié au pouvoir, et cette alliance était si étroite qu'elle survécut même à un changement dans la forme du gouvernement. Commencée sous la république présidentielle elle se continua pendant les premières années de l'empire. La même alliance, et plus étroite encore, s'il est possible, existait à l'île de la Réunion. Lors de la création du conseil-général destiné à remplacer le conseil colonial, M. Charles Desbassyns fut appelé à la présidence de cette assemblée. M. Charles Desbassyns, parent par alliance de M. de Villèle, le célèbre ministre de la restauration, était de taille à jouer un rôle considérable même sur un plus grand théâtre que celui où il se trouvait placé. Malgré son incontestable intelligence, ce qu'il y avait de plus remarquable en lui, c'était un caractère énergique et une indomptable volonté. S'il eût vécu en France, il aurait siégé dans les chambres de la restauration à côté de M. de La Bourdonnaye ; sous la monarchie de juillet, il se serait fait flétrir avec les pèlerins de Belgrave-Square ; sous la république, il aurait été membre, et membre important, du comité de la rue de Poitiers. Légitimiste avoué et décidé, les passions religieuses, plus fortes que les passions politiques, en firent cependant l'allié, l'appui, le conseiller des administrations qui se succédèrent à l'île de la Réunion depuis 1854 jusqu'à sa mort, arrivée il y a cinq ou six ans. Il ne fut pas seulement le président du conseil-général, il en fut le dominateur. Il partagea avec les gouverneurs et les directeurs de l'intérieur qu'il vit passer au pouvoir le poids de l'administration de la colonie et la responsabilité soit du bien soit du mal qui s'accomplit pendant cette période. C'est sous l'impulsion donnée par M. Charles Desbassyns et M. Desprez que le clergé, tant séculier que régulier, prit à la Réunion un développement inconnu jusque-là, qu'une part importante du budget colonial fut consacrée à multiplier les églises et les chapelles au-delà de ce qui était nécessaire, qu'une somme considérable fut votée pour construire une cathédrale qu'on ne pourra jamais achever et qui tombe déjà en ruine, qu'un collège de jésuites s'éleva pour faire concurrence au lycée impérial. C'est sous la même impulsion que fut créé ce fameux établissement de la Providence dont le nom a si souvent retenti dans les derniers événements de la Réunion, et dont nous devons dire quelques mots. La Providence n'est pas, à proprement parler, un établissement religieux ; c'est un établissement d'utilité publique dirigé par des religieux. La Providence comprend : 1° une école des arts et métiers, 2° un pénitencier pour les jeunes détenus, 3° un hospice pour les vieillards et pourries infirmes. L'établissement a été placé pour une période de vingt-cinq ans sous la direction des *Pères du Saint-Esprit et du Saint-Cœur-de-Marie*. Le terrain leur a été concédé gratuitement, et une subvention annuelle de 80,000 francs leur est allouée sur le budget colonial.

L'administration de la Réunion prétend qu'elle n'a pas trouvé de laïques pour administrer convenablement cet établissement. Nous le regrettons, et nous nous en étonnons. Il n'est pas nécessaire d'être hostile au catholicisme pour penser qu'il n'est pas bon, dans des sociétés organisées comme la nôtre, de confier à une communauté religieuse la direction d'une école des arts et métiers. Un établissement de ce genre doit conserver un caractère essentiellement laïque. On (nous dit que les pères de la Providence s'acquittent fort bien de la tâche qu'on leur a confiée : nous voulons le croire. On nous dit que les accusations portées contre eux par la population de Saint-Denis sont fausses ou du moins exagérées, notamment l'accusation de faire une concurrence déloyale à l'industrie privée en vendant à bas prix, grâce à la subvention, les machines, les pièces d'outillage, les objets de tout genre fabriqués dans l'intérieur de l'établissement. Il nous plaît encore de l'admettre. Eh bien ! l'injustice même de l'opinion publique (en concédant qu'il y ait eu injustice) n'est-elle pas la preuve la plus claire de l'imprudence qu'on a commise en confiant à une communauté religieuse la direction d'un établissement de ce genre ? N'était-il pas à prévoir que ces accusations ou d'autres accusations du même genre se produiraient tôt ou tard ? N'était-il pas aisé de comprendre que ces accusations seraient bien plus vives et auraient des conséquences bien plus graves, si elles portaient sur une communauté religieuse au lieu de tomber sur un personnel laïque ? Des hommes de gouvernement, des hommes habitués aux affaires, pouvaient-ils se faire illusion sur ce point, et ne devaient-ils pas éviter d'ajouter une nouvelle cause d'irritation à toutes celles qui ne pouvaient manquer d'amener une réaction violente contre la domination longtemps exercée sur la colonie par le parti ultramontain, allié à l'administration ?

M. Charles Desbassyns est mort, et M. Desprez est rentré en France. Eux disparus, leur parti s'est trouvé en quelque sorte décapité. Ils ont eu cependant des successeurs, mais qui ne sauraient leur être comparés. M. Maupoint, l'évêque actuel de Saint-Denis, n'a ni l'activité ni l'ardeur de M. Desprez. Quant à M. Charles Desbassyns, son empire, comme celui d'Alexandre, a été partagé. Les lambeaux en ont été recueillis par ses deux neveux, MM. Frédéric et Paul de Villèle, par un autre de ses neveux, M. Bellier de Villentroy, président de la cour impériale, et enfin par un notaire, membre du conseil-général, allié à la famille Bellier de Villentroy, M. François Mottet. Sous leur direction, le parti a promptement décliné. Battu en brèche par une impopularité croissante, il perdait de jour en jour de son influence, non-seulement dans le pays, mais même dans le conseil-général nommé par l'administration, même dans le conseil privé, même auprès du gouverneur ; mais il avait pour lui l'homme qui était, bien plus que le gouverneur, le vrai chef de l'administration coloniale : nous voulons parler du directeur de l'intérieur, M. Charles Gaudin de Lagrange.

M. de Lagrange, en ce moment l'objet de tant d'accusations, les unes fondées, les autres probablement injustes ou exagérées, n'est point dépourvu de tout mérite. Il a quelques-unes des qualités que l'on demande ordinairement en France à un administrateur, plus de surface que de profondeur, plus de connaissances de détail que de vues d'ensemble, plus d'opiniâtreté que de décision. Avec des qualités de cet ordre, il aurait pu être utile au second rang. Malheureusement il s'est trouvé placé au premier dans une crise difficile. Les deux gouverneurs qui ont succédé à M. Hubert-Delisle appartenaient l'un et l'autre au corps des officiers supérieurs de la marine. L'un et l'autre étaient étrangers aux questions administratives et obligés de s'en remettre sur bien des points à la compétence spéciale du directeur de l'intérieur. M. de Lagrange a donc été, depuis dix ans, le véritable gouverneur. Profondément attaché au catholicisme, il a eu le tort de subordonner sa conduite en matière politique, administrative et financière à ses idées religieuses. Au lieu de rester dans la colonie l'homme de l'administration, il y est devenu, sans s'en douter peut-être, l'homme d'un parti, le chef véritable du groupe que M. Charles Desbassyns avait longtemps dirigé.

Qu'on se figure maintenant la situation dans laquelle se trouvait l'île de la Réunion dans les derniers mois de l'année 1868. Qu'on se représente cette colonie, privée depuis quinze ans de toutes les Libertés, de tous les droits dont elle avait joui à d'autres époques, n'envoyant pas de députés au corps législatif pour défendre ses intérêts les plus pressants et-pour faire valoir ses plus légitimes réclamations, ne nommant pas les conseillers-généraux et les conseillers municipaux qui disposent de ses ressources. Qu'on se représente cette population ruinée par plusieurs mauvaises récoltes consécutives, suivies d'une crise commerciale et financière, convaincue, à tort ou à raison, que sa ruine a été, non pas causée sans doute, mais aggravée par la mauvaise gestion des finances locales, ne pouvant modifier cette gestion, puisqu'elle est privée de ses droits électoraux, faisant remonter par conséquent la responsabilité de ses maux à une administration toute-puissante et à ceux qui ont été pendant- longtemps en possession de faire mouvoir à leur gré tous les fils de dette administration, c'est-à-dire au directeur de l'intérieur, au parti ultramontain et au clergé. Voilà la situation d'où vont sortir les déplorables événements des 29 et 30 novembre, des 1er et 2 décembre 1868, voilà le terrain sur lequel l'explosion va avoir lieu.

II

Depuis près de six mois, la colonie était travaillée par une agitation croissante. La misère était arrivée à son comble. Les impôts rentraient plus que difficilement. Le budget colonial, plusieurs fois remanié ne parvenait pas à s'établir en équilibre. Une feuille clandestine, *le Cri d'alarme*, s'était livrée à des attaques très vives contre la plupart des chefs de l'administration, et n'avait même pas épargné le gouverneur. Le public toutefois était plus indulgent pour M. le contre-amiral Dupré. A tort ou à raison, on le croyait peu favorable au système qu'il était chargé d'appliquer. On affirmait que, dans la mesure de ses forces, il avait appuyé auprès du gouvernement métropolitain les réclamations déjà plusieurs fois élevées contre la constitution coloniale. On prétendait aussi qu'il ne supportait pas avec une résignation absolue l'influence prédominante du directeur de l'intérieur, et qu'il n'aurait pas été fâché de secouer un joug qui avait déjà pesé à son prédécesseur et qui lui pesait davantage encore.

Les chefs du parti libéral dans la colonie résolurent de faire un dernier et vigoureux effort pour obtenir l'abolition du système établi par le sénatus-consulte de 1854 et la restitution des droits dont les colons avaient été privés à ce moment. A cet effet, on prépara une pétition adressée au sénat. La rédaction en avait été confiée à M. Jugand, professeur de philosophie au lycée impérial. C'est assez dire que ce document n'avait aucun caractère révolutionnaire. Pendant qu'il se couvrait de signatures, la session du conseil-général s'ouvrit. Deux des membres de ce conseil venaient de donner leur démission. Tous deux représentaient la ville importante de Saint-Pierre, la seconde de l'île. L'un d'eux, M. Ruben de Couder, avait motivé sa démission dans une lettre très ferme et très modérée. Il ne lui convenait pas de continuer à rester membre d'une assemblée non élue au moment même où ses concitoyens réclamaient le droit d'élire leurs mandataires.

C'est alors que l'administration crut faire preuve de prévoyance et d'habileté en interdisant aux journaux, par une note officieuse, la discussion des questions se rattachant à l'organisation coloniale. Il ne faut pas oublier que la presse est encore aujourd'hui soumise dans nos colonies au régime discrétionnaire, de telle sorte que l'avis officieux de l'administration équivalait à un ordre. La polémique des journaux abandonna le terrain politique, d'où on la chassait, pour se concentrer exclusivement sur le terrain religieux. La question de la constitution coloniale passa au second plan pour laisser la première place à la question religieuse ou cléricale, comme on voudra l'appeler. Or, si les passions religieuses sont infiniment plus vivaces et plus redoutables que les passions politiques, si elles ont le privilège de remuer plus profondément les classes les moins éclairées, c'était, on en conviendra, une singulière imprudence que de pousser la presse dans cette voie, où elle n'était d'ailleurs que trop portée à s'engager.

Trois journaux principaux se publient à Saint-Denis, en dehors du *Journal officiel,* qui se renferme dans son rôle de feuille strictement consacrée à la publication des actes du gouvernement et des annonces légales. Ces trois journaux, répondent assez exactement aux grandes divisions de l'opinion publique dans la colonie. *La Malle* et le *Journal du Commerce* représentent les deux opinions extrêmes. La première de ces deux feuilles est ultra-conservatrice, en religion comme en politique. Elle a été fondée, il y a quelques années, pour être dans la colonie l'organe du parti dont MM. Frédéric et Paul de Villèle, Bellier de Villentroy et François Mottet sont les chefs. La création du *Journal du Commerce* remonte à une vingtaine d'années. Cette feuille est placée aux antipodes de la Malle. En politique comme en matière philosophique et religieuse, elle défend les opinions radicales. Entre ces deux feuilles, *le Moniteur de la Réunion* occupe une situation intermédiaire. *Le Moniteur* est le plus ancien des journaux de la colonie. Il représentera peu de chose près, l'opinion moyenne du pays. Il est l'organe de ces gens un peu indécis peut-être, mais modérés et honnêtes après tout, qui penchent du côté de la liberté quand le pouvoir leur paraît trop fort, et du côté de la conservation quand l'ordre leur paraît menacé. Aux colonies comme en France, ce sont les journaux de cette nuance qu'il faut consulter quand on veut savoir dans quelle direction tourne le vent de l'opinion publique. Or *le Moniteur*, après avoir été pendant longtemps plus conservateur que libéral, commençait à devenir plus libéral que conservateur ; *le Moniteur*, après s'être longtemps tenu à égale distance de *la Malle* et du *Journal du Commerce*, s'éloignait de plus en plus de *la Malle* pour se rapprocher du *Journal du Commerce.* C'était un symptôme peu équivoque des dispositions de l'esprit public.

La polémique entre *la Malle* et le *Journal du Commerce* avait toujours été très vive. Elle devint plus violente encore par suite de l'arrivée dans là colonie d'un jeune écrivain que les propriétaires de *la Malle* avaient fait venir de la France pour renforcer la rédaction de leur journal. Cet écrivain se nommait M. Ch. Buet. Il avait fait ses premières armes dans le journal l'*Univers.* En moins de six semaines, il avait achevé d'exciter des passions qui avaient plutôt besoin d'être calmées. Le *Journal du Commerce* avait déclaré qu'il ne répondrait plus à une feuille rédigée de cette manière et montée à ce ton. Le paisible *Moniteur* lui-même s'était fâché. C'est à ce moment qu'il circula dans la ville, sur le compte du jeune et impétueux rédacteur de *la Malle*, un bruit auquel nous hésiterions à faire allusion, si M. le contre-amiral Dupré ne l'avait consigné dans son rapport officiel sur les événements de novembre et de décembre. Suétone aurait raconté tout simplement le fait imputé à M. Buet. Voltaire aurait ajouté au récit quelques plaisanteries analogues à celles dont il criblait Desfontaines et Fréron. Nous nous bornerons à renvoyer nos lecteurs au *Journal officiel* du 17 janvier 1869, qui a publié le rapport de M. Dupré sans remplacer par une ligne de points le passage relatif à l'incident dont il s'agit. Nous devons dire que M. Buet n'a été ni condamné ni même poursuivi pour le fait en question. D'autre part il est rentré en France et n'a point protesté jusqu'à présent contre l'accusation dont il était l'objet. Quoi qu'il en soit, cette accusation, vraie ou fausse, se répandit en un clin d'œil dans la ville de Saint-Denis. Dans l'état où se trouvaient les esprits, ce fut comme l'étincelle qui met le feu à un amas de matières combustibles.

Pour comprendre les événements qui vont suivre, il faut d'abord se faire une idée exacte de la configuration des lieux. Lorsqu'on arrive à l'île de la Réunion, on vient ordinairement mouiller à l'extrémité septentrionale de l'île, dans une rade foraine mal abritée contre le vent et la vague. C'est la rade de Saint-Denis. Elle est limitée plutôt que protégée par deux caps : à gauche, c'est-à-dire à l'est, la pointe des Jardins, à droite, c'est-à-dire à l'ouest, le cap Bernard. En face de soi, on a une jolie petite ville, construite au milieu de jardins. C'est Saint-Denis, le chef-lieu de l'île et l'une de ses trois villes commerçantes. La population s'élève à environ trente mille âmes. La ville s'élève en pente douce à partir du rivage. Presque toutes les rues se coupent régulièrement à angles droits. La ville présente donc l'aspect d'un vaste damier, mais d'un damier dont chaque case porterait un bouquet de verdure et de fleurs. C'est du milieu de ces bouquets que jaillissent les maisons, presque toutes en bois, élevées d'un ou deux étages au plus sur un rez-de-chaussée, ordinairement muni d'une véranda.

La rue principale, autrefois rue Royale, aujourd'hui rue de Paris, part presque du rivage pour aller jusqu'à, la partie haute de la ville. On la voit donc se développer devant soi dans sa longueur lorsque l'on est en rade. C'est le long de cette voie que sont groupés la plupart des édifices publics : près du rivage, à droite de la rue de Paris, l'hôtel du gouverneur, sur une place d'une certaine étendue ; un peu plus loin, à gauche, également sur une place, mais plus petite, la vieille église, qui sert de cathédrale, en attendant l'achèvement de l'inachevable monument voté par le conseil-général ; en face de l'église, à droite de la rue par conséquent, la caserne de la compagnie disciplinaire, un peu plus loin l'hôpital militaire, puis l'hôtel de ville ; plus loin encore, toujours sur la droite et vers le milieu de la rue la direction de l'intérieur. Tout à fait à l'extrémité de la rue de Paris, se trouve le Jardin des plantes, et à peu de distance de là le lycée impérial. Le collège des jésuites occupe une situation beaucoup plus excentrique, au milieu d'un quartier nouveau, appelé le Butor. L'établissement de la Providence est tout à fait en dehors de la ville. Au-delà commencent les premières assises d'un massif de montagnes qui, s'élevant rapidement d'étage en étage jusqu'à la région des neiges éternelles, borne la vue et ferme l'horizon. Parfois seulement derrière cette barrière de 3,000 mètres de haut, le ciel s'illumine, le soir, de la lueur rougeâtre d'un volcan encore en activité, le piton de Fournaise, placé à l'autre extrémité de l'île.

Le 28 novembre au soir, un certain nombre de jeunes gens, échauffés par le récit du fait imputé à M. Buet, se portèrent devant sa maison pour se livrer contre lui à une de ces manifestations regrettables sans doute, mais ordinairement peu dangereuses, qu'on appelle vulgairement un *charivari*. M. Buet, qui demeurait près de l'église, dînait en ville. Lorsqu'il sut ce qui s'était passé, il crut sage de ne pas rentrer chez lui. Il alla coucher à l'hôpital colonial, il passa la nuit suivante à l'établissement de la Providence ; puis il partit pour la campagne, et ne reparut plus à Saint-Denis jusqu'au jour de son embarquement pour la France. Les jeunes gens, désappointés de l'absence de M. Buet, ne voulaient pas s'être dérangés pour rien. Ils remontèrent vers la partie haute de la ville, et le petit attroupement, se grossissant en route, alla stationner d'abord devant le collège des jésuites, puis devant le logement occupé au lycée par l'aumônier de cet établissement, M. l'abbé Colin. De là, on redescendit vers la direction de l'intérieur et vers la maison de M. François Mottet, située dans le voisinage. Les cris qui se faisaient entendre étaient dirigés d'abord contre M. Buet, dont le nom était accompagné d'épithètes qui se devinent aisément, ensuite contre les jésuites, contre les pères de la Providence, contre les principaux chefs du parti ultramontain dans la colonie, enfin contre le directeur de l'intérieur. Devant la maison de M. François Mottet, le rassemblement se trouva pour la première fois en présence d'une autorité. C'était M. Gibert Des Molières, maire de Saint-Denis, président du conseil-général. On lui fit connaître les griefs que l'on croyait avoir contre M. Buet. Il promit d'exposer le cas au gouverneur, il lit entendre quelques paroles de conciliation, et l'on se retira.

Le lendemain 30 novembre, à huit heures du soir, nouvel attroupement, mais cette fois plus considérable et plus tumultueux. Dans cet intervalle de vingt-quatre heures, les têtes s'étaient montées. L'irritation accumulée depuis si longtemps et par tant de causes allait éclater. La foule, après s'être massée devant un hôtel meublé appelé l'hôtel

Millier et situé dans la partie inférieure de la ville, se porte d'abord devant la maison de M. François Mottet, puis devant la direction de l'intérieur. Là on se trouve en présence d'une compagnie de soldats d'infanterie de marine, l'arme au bras. Le directeur de l'intérieur ne paraît pas ; mais on voit arriver le maire, qui parlemente de nouveau avec la foule. Cette fois il promet, au nom du gouverneur, le départ de M. Buet pour la France. Cependant l'attroupement ne se dissipe pas. Près de 3,000 personnes sont là, non pas seulement des jeunes gens, comme la veille, mais des personnes de tout âge et de toute profession. La situation toutefois ne paraît pas encore alarmante. La foule n'est pas armée, elle ne songe point à attaquer la direction de l'intérieur. C'est une manifestation, un peu tumultueuse sans doute, mais non pas une émeute. Encore y a-t-il là au moins autant de gens venus comme simples curieux que pour prendre part à la manifestation, par exemple M. de Keating, le secrétaire-général de la direction de l'intérieur. Sur ces entrefaites arrive le gouverneur en costume de contre-amiral, accompagné de la gendarmerie à pied et à cheval. Un seul de ses chefs de service, l'ordonnateur, M. de Laborde, l'accompagne. Il est accueilli par les cris de *vive le gouverneur ! vive l'empereur ! à bas les jésuites ! à bas le conseil-général ! à bas Lagrange* ! Il harangue la foule, il la calme tant bien que mal. On est sur le point de se retirer lorsque arrive M. Paul de Villèle, en proie à une émotion visible. Il annonce que le collège des jésuites, où se trouvent ses enfants, vient d'être attaqué et va être mis à sac.

En effet, pendant que la manifestation proprement dite, la manifestation politico-religieuse dont nous venons de parler, avait lieu devant la direction de l'intérieur, une bande de 200 ou 300 personnes appartenant à la partie la plus misérable de la population s'était portée vers le collège des jésuites pour s'y livrer à des actes de déprédation. Une porte avait été enfoncée, un magasin avait été pillé. Le principal corps de bâtiment, où se trouvaient les élèves, n'avait pourtant pas été attaqué. La gendarmerie à cheval se transporta rapidement sur les lieux. Le gouverneur lui-même arriva quelques minutes après, suivi par la gendarmerie à pied et par la plus grande partie de la foule qui venait de se livrer à une manifestation devant la direction de l'intérieur. Une charge exécutée par la gendarmerie, sabre en l'air, suffit pour dissiper les pillards. Dans le courant de la soirée, une bande d'environ 200 hommes voulut attaquer l'établissement de la Providence. Cette bande, pas plus que la précédente, n'était armée. Une charge à la baïonnette, exécutée par une compagnie d'infanterie, la repoussa. Le gouverneur était revenu à son hôtel, après avoir traversé la ville dans toute son étendue, traînant toujours à sa suite le personnel de la manifestation. Nous venons de raconter les deux faits les plus graves qui peuvent être mis à la charge de la population de Saint-Denis ou du moins d'une partie de cette population, le commencement de pillage du collège des jésuites et la tentative dirigée contre l'établissement de la Providence. Ces deux faits, ne l'oublions pas, se sont passés dans la soirée du 30 novembre. Si, ce soir-là, la répression avait été un peu plus rude qu'elle ne l'a été, si dans la chaleur de la lutte quelques malheurs étaient survenus, on aurait pu le regretter, mais on n'aurait pas eu le droit de blâmer l'autorité. Tout au contraire, l'autorité a été douce, indulgente, pendant la soirée du 30 novembre ; elle n'est devenue terrible que quarante-huit heures après, en présence de faits beaucoup moins graves. Que s'était-il donc passé dans l'intervalle ? Le voici. Dès le 1er décembre, M. Paul de Villèle avait adressé au gouverneur une lettre dans laquelle il l'accusait hautement de n'avoir pas pris des mesures suffisamment énergiques en présence des événements de la veille. Le 2 décembre au matin, il écrivait une seconde lettre conçue dans le même sens, mais rédigée en termes plus vifs encore : le gouverneur était menacé de voir sa conduite dénoncée au gouvernement impérial par M. de

Villèle et ses amis. Ces deux lettres ont-elles exercé une certaine influence sur l'esprit de M. le contre-amiral Dupré ? NOUS l'ignorons. D'un autre côté, dans l'après-midi du 1er décembre, M. Laserve, l'un des rédacteurs du *Journal du Commerce* et l'un des chefs de l'opposition avancée dans la colonie, avait provoqué, avec l'autorisation du procureur-général intérimaire, une réunion d'environ 1.500 personnes dans le local de la *Société ouvrière et industrielle* de Saint-Denis. La réunion avait émis un certain nombre de vœux qui avaient été transmis au gouverneur par l'intermédiaire d'une députation à la tête de laquelle était placé M. Laserve. Cette manifestation était à coup sûr plus régulière et plus pacifique que celles qui avaient eu lieu les jours précédents, le gouverneur le reconnaît lui-même dans son rapport. C'est cependant à dater de ce moment qu'il commence à se troubler et à prendre des mesures incohérentes qui doivent aboutir, en fin de compte, à un lamentable dénouement.

Il existe dans les colonies, depuis de longues années déjà, une institution qui a rendu à diverses époques de précieux services : c'est la milice, sorte de garde nationale mobile. La milice de la Réunion a longtemps été un corps excellent, composé de tout ce qu'il y avait de plus honorable et de plus solide dans la population coloniale. Sous la révolution et le premier empire, c'est elle qui a été presque exclusivement chargée de la garde et de la défense de la colonie, vu l'insuffisance de la garnison. En 1810, lors de la prise de l'île, 1,200 miliciens, appuyés seulement par 250 soldats de l'infanterie de ligne, ont livré une véritable bataille contre 4,000 Anglais, aux portes mêmes de Saint-Denis. Depuis quelques années, le remplacement a été autorisé dans la milice moyennant une taxe de 10 francs par mois. Cette mesure regrettable remonte au gouvernement de M. Darricau. Elle a éloigné de la milice les grands propriétaires, les négociants, tous ceux en un mot dont la présence lui donnait la consistance nécessaire à un corps semblable en présence de troubles intérieurs bien plus encore qu'en présence d'une invasion étrangère. Le gouverneur cependant ne parut point tout d'abord se préoccuper de l'affaiblissement qui était résulté pour la milice de l'établissement de cette malheureuse taxe de remplacement. Le 2 décembre, vers quatre heures de l'après-midi, il harangua les miliciens qui s'étaient rendus sur la place de l'Hôtel-de-Ville, leur dit qu'il comptait sur eux, et les convoqua de nouveau pour sept heures et demie du soir.

Rentré à l'hôtel du gouvernement, le contre-amiral Dupré fit de nouvelles réflexions. Il avait pu remarquer qu'un petit nombre de miliciens seulement s'étaient rendus sur la place de l'Hôtel-de-Ville, et que la plupart y étaient venus sans armes ; il commençait à se défier de ce corps. Les miliciens de leur côté ne se défiaient guère moins de l'autorité, ils craignaient qu'on ne voulût les désarmer ; c'est ce qui explique que beaucoup d'entre eux se fussent rendus à la convocation sans armes et même sans uniforme. Le commandant de la milice d'autre part, dans ces circonstances difficiles, ne paraît pas avoir montré beaucoup d'activité ni de résolution. Bref, le gouverneur se décida brusquement à renoncer au concours de la milice et à ne compter, pour le maintien de l'ordre, que sur l'appui de la garnison. Il fit sortir non-seulement l'infanterie de marine, mais même l'artillerie. En même temps il fit donner, assure-t-on, contre-ordre à la milice ; mais il était déjà trop tard. Le bruit répandu de la convocation de ce corps avait attiré déjà sur la place de l'Hôtel-de-Ville un certain nombre de miliciens, la plupart en bourgeois, et surtout un grand nombre de curieux. Le malheureux gouverneur avait donc provoqué lui-même, sans le vouloir, un rassemblement. Il avait ravivé l'émotion populaire, qui commençait à se calmer.

La foule, une fois réunie, fit naturellement entendre quelques cris, mais moins significatifs que ceux des jours précédents. Du reste point d'émeute ni de préparatifs d'émeute. Nulle barricade, point d'armes, sauf du côté de la troupe. S'il y a eu plus tard, comme on le prétend, un ou deux coups de feu tirés, ils l'ont été sur un tout autre point. Ils ne sont pas venus de la foule qui se trouvait dans la rue, ils ont été tirés de l'intérieur d'un jardin. Ils ne pouvaient donc pas motiver la répression exercée dans la rue et contre la foule ; mais on en était arrivé à l'un de ces moments comme il en survient presque toujours tôt ou tard dans les émotions populaires, à un de ces moments où l'autorité, excédée de fatigue, tourmentée d'inquiétudes, tiraillée par des renseignements et des conseils contradictoires, finît par n'y plus voir clair et par se jeter tête baissée dans quelque excès, dans un excès de faiblesse ou dans l'excès opposé. Cette fois ce ne fut pas du côté de la faiblesse que l'on versa.

Le directeur de l'intérieur, en butte depuis plusieurs jours aux cris et aux buées, préoccupé d'ailleurs plus encore que le gouverneur d'une situation dont la responsabilité première retombait en grande partie sur lui, avait dû insister, pendant le cours de ces événements, en faveur d'une répression énergique. Jusqu'alors le gouverneur lui avait résisté. Ancien républicain, resté peu sympathique au clergé et au parti ultramontain, le contre-amiral Dupré, ainsi que nous l'avons vu, avait été laissé presque complètement en dehors des attaques qui atteignaient les autres chefs de l'administration coloniale et notamment le directeur de l'intérieur. Il craignit peut-être que sa modération envers les auteurs des manifestations ne fût taxée de partialité. La seconde lettre de M. de Villèle lui laissait pressentir que telle serait en effet l'interprétation qu'on donnerait à sa conduite. On lui affirmait d'autre part que la situation devenait menaçante. Il en crut le directeur de l'intérieur, il en crut le chef de la police, il en crut le lieutenant-colonel Massaroli, et il leur donna carie blanche.

On sait le reste. Les sommations furent faites par le malheureux maire de Saint-Denis. Les armes ne furent pas chargées en présence de la foule, celle-ci ne pouvait pas croire qu'on allait tirer. Elle se dispersa néanmoins devant les troupes, qui s'étaient mises en marche, se déployant successivement dans les différentes rues qui avoisinent l'hôtel de ville. Tout à coup la troupe commence à tirer ; des morts et des blessés tombent dans la rue de Paris et dans plusieurs rues voisines. Cette fusillade avait-elle été provoquée par un ou deux coups de feu partis de jardins voisins du théâtre des événements ? C'est un point qui sera sans doute mis plus complètement en lumière par une enquête ou par un procès. En tout cas, ce ne sont pas les auteurs de ces deux coups de feu qui les ont payés. On n'a pas même occupé les deux jardins dont il s'agit. On a tiré sur la foule qui se trouvait dans les rues, et qui n'avait d'autres armes que des pierres. Les carabines à longue portée des soldats de l'infanterie de marine, au milieu de ces rues se coupant à angle droit, allaient faire des victimes à une distance considérable du théâtre principal des événements. Le gouverneur, dans son rapport, évalue à 6 morts et 20 blessés le nombre des victimes du côté de la population. Du côté de la troupe, il compte 14 blessés ; mais il reconnaît que, sur ces 14 blessés, 4 seulement ont été atteints dans la soirée du 2 décembre ; les 10 autres avaient été blessés dans les deux journées antérieures. Parmi les 14 blessés, un seul aurait été atteint d'un coup de feu ; les autres n'ont reçu que des coups de pierre. Toutes ces circonstances montrent assez quelle a été la nature des événements de la soirée du 2 décembre, et combien se trouve peu justifié le mot d'émeute que le gouverneur emploie à diverses reprises afin d'excuser cette sanglante répression. N'oublions pas de faire remarquer que le contre-amiral Dupré ne donne pas la liste détaillée soit des blessés du côté de la troupe, soit des morts et des blessés du côté de la foule. Une relation privée, rédigée par quelques-uns des chefs de l'opposition coloniale et reproduite par plusieurs feuilles de la métropole, supplée à cette omission, mais seulement en ce qui concerne les habitants tués ou blessés.

Après cette triste promenade, les soldats bivouaquèrent jusqu'à quatre heures du matin au milieu des rues de la ville. Dans la nuit, le gouverneur, après avoir consulté son conseil privé, prit la résolution de proclamer l'état de siège. Le lendemain en effet, la ville était placée sous le régime militaire. Défense était faite aux journaux de publier aucun article, aucune nouvelle ayant un caractère politique. La circulation à pied, à cheval ou en voiture était interdite, à partir de huit heures du soir, dans les rues de Saint-Denis. A peine le gouverneur avait-il pris ces mesures rigoureuses qu'un nouveau revirement s'opéra tout à coup dans son esprit irrésolu. Une députation composée de quelques personnes notables, appartenant pour la plupart au parti libéral, se rendit le 3 décembre au matin chez lui, l'assurant qu'il avait été trompé la veille par de faux rapports et lui conseillant de lever l'état de siège, de consigner les troupes dans leurs casernes et de convoquer la milice. Il refusa de '-lever l'était de siège, qui avait été décidé à l'unanimité par le conseil privé ; mais sur les deux autres points il consentit à ce qu'on lui demandait. Le jour même, à quatre heures de l'après-midi, il réunit au Jardin des plantes la milice, à laquelle vinrent se joindre spontanément un grand nombre d'habitants qui s'en étaient éloignés depuis l'établissement de la taxe de remplacement. Un nouveau commandant fut nommé. La garde de la ville fut remise à la milice ainsi fortifiée et reconstituée. Voilà donc une population placée sous le régime de l'état de siège, et sur laquelle on compte assez cependant pour lui confier le soin de se garder elle-même. Rien ne prouve mieux combien les craintes de la veille étaient exagérées, et combien il aurait été facile, avec un peu plus de résolution d'abord, avec un peu plus de sang-froid ensuite, de ne point ensanglanter les rues d'une ville qui n'avait jamais assisté, depuis qu'elle existe, à une aussi lugubre aventure.

Il nous paraît impossible qu'à la suite d'événements de ce genre le haut personnel administratif de la colonie ne soit pas complètement renouvelé. M. de Lagrange est revenu en France par le dernier paquebot ; il ne retournera certainement pas à la Réunion, M. le contre-amiral Dupré touche au terme de cinq années fixé par un usage presque constant pour la durée des pouvoirs d'un gouverneur ; il est à supposer que ses pouvoirs ne seront pas renouvelés. Mais un changement de personnes, en calmant un peu la douloureuse impression produite dans la colonie par les événements que nous venons de retracer, ne sera qu'un palliatif insuffisant. On aura remédié au mal, on n'en aura pas supprimé les causes, surtout on n'en aura pas rendu le retour impossible. Les événements de la Réunion en effet ne sont pas un simple accident. Ils sont au contraire, nous croyons l'avoir amplement montré dans le cours de cette étude, la conséquence dernière d'une série de fautes s'enchaînant les unes aux autres et découlant toutes du faux principe qui a présidé depuis quinze ans à l'organisation et au gouvernement de nos colonies. Ce sont ces fautes qu'il s'agit de réparer, c'est ce faux principe qu'il s'agit de remplacer par un principe plus juste et plus fécond. Ce ne sont pas seulement les hommes, ce sont aussi et surtout les institutions qu'il s'agit de changer. Les tristes scènes que nous venons de retracer ont posé la question. Elles l'ont posée non-seulement pour l'île de la Réunion, mais aussi pour la Martinique et pour la Guadeloupe ; elles l'ont posée devant le gouvernement aussi bien que devant l'opinion publique. Il faut maintenant qu'elle soit résolue. Le gouvernement lui-même, sans convenir des fautes commises et sans prendre d'engagement formel, a laissé entendre au corps législatif, par l'organe de M. le ministre de la marine et des colonies, qu'il allait aviser. Il y a donc quelque chose à faire. Tout le monde le comprend, tout le monde le reconnaît ; mais dans quel sens doit être conçue la réforme de nos institutions coloniales ? dans quelle mesure, avec quels tempéraments, doit-elle s'accomplir ? C'est là un sujet qui mérite une étude spéciale et approfondie. Peut-être entreprendrons-nous cette étude lorsque le retentissement douloureux produit par les événements de la Réunion sera un peu amorti et lorsque le moment sera plus favorable pour faire écouter la voix de la raison et de la conciliation.

www.ingramcontent.com/pod-product-compliance
Lightning Source LLC
LaVergne TN
LVHW051643080426
835511LV00016B/2473